NOUVELLES PREUVES

DE

L'HISTOIRE DE CHYPRE

SOUS LE RÈGNE DES PRINCES

DE LA MAISON DE LUSIGNAN

PAR

M. L. DE MAS LATRIE

PREMIÈRE LIVRAISON

PARIS

J. BAUR ET DÉTAILLE, Libraires

44, RUE DES SAINTS-PÈRES

1873

OUVRAGES CONCERNANT L'ILE DE CHYPRE :

HISTOIRE DE L'ILE DE CHYPRE, sous le règne des princes de la maison de Lusignan. 3 vol. in-8°, Paris. 1852-1861.

CARTE DE L'ILE DE CHYPRE, et notice sur la construction de la carte. In-8°. 50 p. Paris. 1862.

NOTICE SUR LES MONNAIES ET LES SCEAUX DES ROIS DE CHYPRE. In-8°. 50 pag. 1846.

NICOSIE, ses souvenirs historiques et sa situation présente. In-8°. 88 pag. 1846.

MÉMOIRE SUR LES RELATIONS POLITIQUES ET COMMERCIALES DE L'ASIE MINEURE AVEC L'ILE DE CHYPRE AU MOYEN-AGE. In-8°. 89 pag. 1844.

NOTES D'UN VOYAGE EN ORIENT. Inscriptions du moyen-âge en Chypre et à Constantinople. In-8°. 56 pag. 1846.

DESCRIPTION DES ÉGLISES ET DES CHATEAUX DE CONSTRUCTION FRANÇAISE DANS L'ILE DE CHYPRE. In-8°. 55 pag. 1850.

NOTICE SUR L'ÉTAT ACTUEL DE L'ILE DE CHYPRE. In-8°. 35 pag. 1847.

Nogent-le-Rotrou, imprimerie de A. Gouverneur.

NOUVELLES PREUVES
DE L'HISTOIRE DE CHYPRE

EXTRAIT

de la *Bibliothèque de l'École des chartes*,

TOMES XXXIII ET XXXIV

NOUVELLES PREUVES

DE

L'HISTOIRE DE CHYPRE

SOUS LE RÈGNE DES PRINCES

DE LA MAISON DE LUSIGNAN

PAR

M. L. DE MAS LATRIE

PREMIÈRE LIVRAISON

PARIS

J. BAUR et DÉTAILLE, Libraires

11, rue des Saints-Pères

1873

NOUVELLES PREUVES

DE L'HISTOIRE DE CHYPRE.

I

SUPPLIQUE DU CONNÉTABLE DE CHYPRE PIERRE DAVILA

AU DOGE DE VENISE.

« Mon siége est fait, » aurait répondu insouciamment l'abbé de Vertot en refusant, dit-on, des documents qui l'obligeaient, pour être véridique, à recommencer sur nouveaux frais son récit de la prise de Rhodes. Les documents qu'on lui proposait n'avaient peut-être pas grande valeur ; quelque intérêt privé se cachait sans doute, dans cette offre, sous les dehors d'un pur dévouement à la fidélité historique ; néanmoins la fin de non-recevoir qu'il opposa à l'insistance de son correspondant sera toujours rappelée au compte de l'historien des chevaliers de Saint-Jean-de-Jérusalem, plutôt comme un reproche que comme un trait d'esprit. Nul écrivain sérieux et sincère ne doit mettre, en effet, en balance un surcroît de labeur ou d'attente avec le désir d'arriver à une exposition plus vraie ou à une plus juste appréciation des événements qu'il s'est chargé de raconter.

Mais, à un autre point de vue, le mot de Vertot est bon, juste et d'une nécessaire application. Il vient un moment dans la recherche des matériaux destinés à servir de base à une histoire critique et authentique, où il faut savoir s'arrêter, sous peine de ne savoir jamais rien terminer. Qui n'aimerait à poursuivre indéfiniment dans le champ sans limite des archives et des bibliothèques le nouveau et l'inédit ? Recueillir ce que d'autres ont pu ignorer ou méconnaître ; expliquer des questions obscures, compléter et préciser des détails, c'est la distraction et le facile du métier. Il y a même dans ce labeur patient et aride en apparence un charme

et un attrait que ne peuvent soupçonner ceux qui n'y ont pas
goûté. La vie s'y passerait sans fatigue et sans ennui. Mais, quand
la moisson paraît suffisante, quand l'ensemble du plan est assez
nettement arrêté, il faut résolument se mettre à l'œuvre essen-
tielle et employer les matériaux assemblés, sans renoncer à
utiliser ceux que l'avenir peut fournir encore.

Après avoir réuni en deux volumes un choix de documents
qui augmentaient les éléments diplomatiques déjà connus de
l'histoire de l'île de Chypre, sous le règne des rois Latins, nous
avons publié la première partie de cette histoire. C'est le siècle
des croisades de Philippe-Auguste et de saint Louis. Nous espé-
rons qu'il nous sera permis de donner un jour la suite et la fin de
notre récit, plus particulières aux Lusignans, qui s'étendent de la
prise de Saint-Jean-d'Acre à l'abdication de Catherine Cornaro,
la dernière héritière des rois de Chypre. En attendant, nous
recueillons et livrons à la publicité quelques documents venus de
sources diverses, où se trouvent des témoignages nouveaux sur
des faits considérables de l'histoire politique, et sur des particu-
larités dignes d'intérêt.

Ce sera une nécessité pour nous de renvoyer souvent aux
volumes déjà parus de notre histoire, afin de ne point répéter ici
ce qu'il est utile de savoir des événements ou des personnages
auxquels ces documents se rapportent.

1480, 9 Octobre, à Venise.

Pierre Davila[1], connétable de Chypre sous le roi Jacques le Bâtard,
retenu alors à Venise, demande au Conseil des Dix la permission de
se retirer avec sa famille en Espagne, sa patrie, en conservant la
jouissance des biens qu'il avait reçus en Chypre du roi Jacques, eu
égard à son dévouement pour le roi Jacques et la reine Catherine
Cornaro, et aux dispositions favorables qu'il a toujours témoignées
à l'égard de la seigneurie de Venise durant les derniers événements.

Venise. Archiv. générales. Conseil des Dix. *Filza* 1.
Papiers très-altérés.

---

1. Pierre Davila était un des Espagnols que Jacques II de Lusignan appela
en Chypre et promut aux plus hautes dignités pour s'en faire un parti contre
l'ancienne noblesse de l'île, lorsqu'il s'empara du trône sur Charlotte de Lusi-
gnan, sa sœur, héritière légitime du roi Jean II. Voy. notre *Hist. de Chypre*,
t. III, p. 359, 364, 394.

Évênements rappelés dans la Supplique. — I. Mort du roi Jacques le Bâtard (6 juillet 1473). Le Connétable engage les Chypriotes à demeurer fidèles à Catherine Cornaro. — II. Difficultés au sujet du Testament du roi. Davila s'en remet à la décision de l'autorité vénitienne, qui déclare que les exécuteurs testamentaires du roi doivent être gouverneurs du royaume. — III. Soulèvement de Famagouste. Meurtre d'André Cornaro, oncle de la reine (15 novembre 1473). Davila, alors malade à Nicosie, se rend à Famagouste, malgré les partisans de la révolte. Il voit la reine et ne peut lui parler qu'en présence des conjurés. — IV. Il obtient des rebelles la restitution des forteresses de Cérines, Paphos et Limassol. Moyen qu'il emploie pour soustraire la personne de la reine à la surveillance des rebelles. — V. Davila, voulant prévenir les projets que les chefs de la conjuration pouvaient former contre lui, prend le parti de les attaquer au moment où, suivant l'usage, ils se rendaient le dimanche à la Cour pour saluer la reine. Il se concerte à cet effet avec Pascal Pisani et Victor Soranzo, mouillés dans la rade de Famagouste. Les conjurés, prévenus sans doute des dispositions de Davila, ne se rendent pas à la Cour. Saplana y vient seul. Les conjurés s'éloignent de Famagouste, en abandonnant tout projet de résistance. La reine est rendue à la liberté. — VI. Davila informe Soranzo de la fuite des rebelles, et l'invite à faire débarquer ses troupes. De concert avec le comte d'Edesse et le comte de Tripoli, il convoque les officiers vénitiens à un festin. Il offre de se démettre en leur main, au nom de la Seigneurie de Venise, et du consentement de la Haute-Cour de Chypre, de la garde des forteresses du royaume. — VII. Monnaies battues par André Cornaro, au nom de Catherine Vénitienne, rejetées par l'archevêque de Nicosie. — VIII. Combien Davila a été favorable aux Vénitiens, tant à l'époque de la reine Charlotte de Lusignan qu'au moment où les auxiliaires Sarrasins voulaient s'emparer de l'autorité dans l'île, comme durant les derniers événements. — IX. Davila, en invoquant ces souvenirs, supplie le Conseil de l'autoriser à se retirer en Espagne avec ses biens et sa famille.

Serenissimo Principo, excelsa et illustrissima signoria, etc.[1]

1. Humelmente supplica el vostro fidelissimo servitor, Piero Davila, contestabile del regno de Cypri. Con cio sia che per esser sempre sta consueto che la signoria vostra, come benigna et gratiosa, vedere volentiera aldir e favorir i suo fidelissimi servitori

---

1. Ainsi à l'original. La supplique est séparée en paragraphes. Nous y ajoutons les numéros.

benmeriti del stado de quella, confidenter exponerò el caso et meriti mei, et honestissima mia dimanda, cum questa brevità possibile mi sarra, supplicando vostra serenità non li sia tedio l'aldir, benchè la scritura sia prolixa.

Nel tempo di la bona memoria del mio signor re Çacho continuamente, io Piero Davila, conversava con vostri bagli e zentilhomini che pratichavano et se atrovavano in quel regno; aquelli dando sempre ogni auxilio et favor a mi possibile, non per altra caxon che per la fede e devotion io havea al stado vostro, come quella potria intendere da li magnifici misser Piero Pizaman e misser Christoforo Venier, vicebaylo, per esser li altri morti.

Morto che fo el dicto signor re, atrovandome in Nicosia, per segurtà de quello regno per le zente d'arme, mandai a chiamar el vostro baylo da cha Pasqualigo [1]. El qual me dete avixo non attentarsi partir per non abandonar casa sua; et io subito li mandai zente da cavalo per poterlo securamente condur a corte. El qual zonto, li usai queste parole, che per honor et exaltatio de la vostra republica, chome madre et protectrice de la maestà di la Rezina li appresentava, et cum effecto li appresentai in man el stendardo real, in persona de vostra signoria, accompagnandolo per tuta la cità de Nicosia, et cum tute le forze de le zente d'arme ben in ponto, cridando et facendo cridar : *Viva, viva la rezina Chaterina!* Et fo necessario che, chi per amor, chi per timor, la reverisse.

Ritornando a la dicta corte, cum el dicto vostro baylo, chiamai ad alta voce el populo, che dapo el disinar se doveseno appresentar a la corte. E cussi fo fato. Al qual, usai queste formal parole : « Che dapo che a Dio era piacesto chiamar a si el
» nostro signor re, i non se desseno de mala volia, perchè
» saressemo conservadi nel esser nostro per rispetto che la illus-
» trissima signoria de Venexia, qual era potentissima, come
» havea poduto comprendere per la sua grande armata e potentia,
» havea tolto per filio el ditto signor re; laqual continue vigilaria
» la salute nostra et de quelo regno; e se la ditta illustrissima
» signoria non fusse, potriamo tutti esser sotoposti ad infedeli, e
» taiati a peze, insieme con le nostre moier e fioli ; confortandoli
» istesino di bon animo a li servitii et obedentia de la regina per-

---

[1]. Nicolas Pasqualigo était alors consul ou baile de la république en Chypre.

» chè la madre sua, ch' è essa illustrissima signoria de Venexia,
» non ne lasseria per algun modo perir. » Inanimando ditto
populo cum tal et altre parole, per modo che da tuti humanamente mi fo riposto che haveano prexo gran conforto e vigor, et
che tutti erano prompti a li comandamenti et servitii dessa regina,
cridando tutti : *Viva, viva la rezina Catcrina !* Come ditte
cosse son notissime a tutti Veniciani che a quel tempo de li se
atrovavano.

II. Nassuta differentia tra tutti i governadori sopra el testamento [1] desso quondam segnor re, di qual io ne era uno, per che
lera in quello mention interminata, zoè : « Lasso per mei com-
» messarii, tali, » etc. [2], utrum se intendesse governadori del
regno o no; alguni erano de opinion che tal punto se havesse a
dechiarir a Roma, alguni a Napoli, et io, intexa la volontà de
tutti, foi de opinion e volsi se havesse a dechiarir non in altra
parte cha davanti la excellentia vostra. El qual mio parlar e
volunta è nota al magnifico misser Vetor Soranzo [3] e doi cancelieri del regno, conditori de tal testamento. E questo aldido, el
prefato magnifico misser Vetor, e considerado la disposition mia
verso el stado di la signoria vostra, ne rispose : « Voi sete go-
» vernadori del regno. »

Partito el prefato magnifico misser Vetor, et venuto deli el
magnifico misser Stefano Malipiero [4], davanti sua Maestà, accorse
altre differentie chercha el governo del regno cum li altri governadori ; lequal non dechiaro, per esser noto da chi li procedeva,
e per che caxon. Davanti el qual messer Stephano e molti altri
zentilhomeni sopracomitti, usai queste parolle ; « Nui avixaremo
» la illustrissima signoria di Venexia, e quella prudentissima e
» justissima procederà secondo li parerà ; e per quanto quello
» commanderà nui seguiremo. » E vista et intexa el magnifico

---

1. J'ai donné un extrait de Georges Bustron relatif aux dispositions du testament de Jacques le Bâtard. *Hist.* t. III. p. 345.
2. Jean Tafures, comte de Tripoli ; Jean Perez Fabrice, comte de Jaffa et de Carpasso, frère de l'archevêque de Chypre ; Grinier de Morpho, comte d'Edesse ; André Cornaro, oncle de la reine ; Jean Aronion, Rizzo de Marin, chambellan du royaume et le connétable lui-même, Pierre Davila.
3. Victor Soranzo, l'un des provéditeurs de la flotte vénitienne et lieutenant de Pierre Mocénigo, alors capitaine général de la république dans les mers du Levant. Soranzo stationnait dans la rade de Famagouste avec huit galères.
4. Etienne Malipiero, l'un des provéditeurs vénitiens.

misser Stephano la mia bona voluntà a la signoria vostra, presente tutti, me abrazo e baxo.

III. Da li a certi zorni, se mose a remor alguni forestieri e paesani de la terra de Famagosta contra algune zente de le vostre gallie, lequal zente vostre, visto che forestieri e paexani, armata manu, se li feva contra, se trasseno a la marina, et li se feseno forte [1]. Di chè aldita per me tal novità, desarmato come me atrovai, montai a cavallo fra costoro, e zonto a la marina, fra le due parte cum grandissimo pericolo me messi in mezo de tuti, per liberar le zente vostre; e tanto operai che salvai quelle, et maxime la galia vostra sopra commito misser Agustin Contarini, che certo tuti che se atrova[va]no in terra e quelli de la galea che era soto le mure, cum scalla in terra, sariano sta taiati a peze. Et al ritorno mio, incontrai a cavalo armati Saplana [2], Aluixe d'Almerigo [3] et altra zente, che con loro vegniva per andar a tal remor. I qual usono parole contra Venetiani, de la qualità e sorte come puo testificare esso messer Agustin Contarini, che con mi era presente.

Ritornato che fui a palazo, con tutta la zente armata, subito montai a cavallo armato. Et interim, tutte zente erano alterade e mosse per taliar a peze la zente de Thomaxo de Puola che era cum el magnifico misser Josaphat Barbaro [4], ambassador, et io, mediante Idio, per honor di vostra celsitudine et amor li portava, salvai essa vostra zente. De le qual tute cosse et successo del tutto, de tempo in tempo, credo vostra signoria habia hauto piena intelligentia.

Dapoi, cercha el chaxo seguido del magnifico misser Andrea Corner [5] e del caso de la maestà de la Regina, et de quello io habia valso, et cum quanto studio e diligentia mi adoperasse per conservation di quel regno e stado, saria superfluo a doverlo

---

1. *Sic*, ailleurs *forti*.
2. Jacques Sapiana était vraisemblablement catalan, et non génois comme nous l'avions cru d'abord (*Hist. de Chypre*, t. III. p. 164). Il servait avec distinction dans l'armée et la flotte des Génois, maîtres encore de Famagouste. Fait prisonnier et conduit au roi Jacques, qui le traita généreusement, il s'attacha dès lors au service du prince et resta fidèle à son parti, même après sa mort.
3. Louis d'Alméric ou d'Albéric, neveu de Saplana. Notre *Hist.* t. III. p. 164 et 403 not.
4. Josaphat Barbaro, ambassadeur de la république auprès du shah de Perse Ouzoun Khazan, se trouvait alors en Chypre. Voy. notre *Hist.*, t. III, p. 336.
5. L'oncle de la reine de Chypre.

narrar de ponto in ponto, per esser a tutto el mundo manifesto, et maxime al vostro excelso Conseio de X., mediante la copia de una lettera per me mandata a la maestà de la Regina, essendo deli el magnifico misser Marco Corner[1].

Parme tamen di aricordar a la signoria vostra che, tunc temporis, atrovandome in Nicosia, in letto, amalado per una postemation de percosa de calço de cavallo, per cercha uno mexe, Saplana e suo seguaci tanto operono, incontaminono e riduseno a la sua voluntà tutte le mie zente; et illo tunc, zonto l'arcivescovo de Nicosia[2] a Famagosta, cum do gallie, subito taliono a peçe el dicto misser Andrea et altri. E la zente d'armi, a instantia di rebelli, se mosse per andar a Famagosta, dicendo che Saplana li daria el suo pagamento, qual volevano per capitanio. E questo io presentito, nonobstante chio fusse in letto cum la gamba infiata et aperta da la postemation, e privo de ogni forza corporal, per forza montai a cavallo, andando a la volta de la porta de la città, dove era el reduto de le zente d'arme. Lequal tanto me stimava, quanto se mai veduto non me havesse; ne altro che Dio me liberò, che de mi non fusse fato come fu del dicto misser Andrea Corner. E cussi, spoiado de ogni obedentia, andai cum loro fin a Famagosta. E nel camino me vene contra uno che me apresentò una lettera, dicendo esser di la maestà di la Rezina, che tunc era fabricata da li rebelli; qual mi comandava chio dovesse confortar el populo. Et questo, afin chio non mi movesse de la terra cum le mie zente. Et dapoi incontinente, arivò Aluixe d'Almerigo, nepote de Saplana, rebelli, e me apresentò una altra lettera ne laqual se conteniva che se io fusse in camin dovessi tornar in driedo, sotto pena de la desgratia de la Rezina. El qual Aluixe andava per tuor Cerines, come el tolsse. Et io, intendando tal sua prava voluntà, anchora che io fusse infermo, cum manifesto pericolo de la mia vita, me confersi a Famagosta, a la maestà de la Rezina. Et quella trovai nuda de ogni libertà, e soto gran custodia la non parlasse ad alguno Venetian. A la qual parlai, presenti i rebelli, dissimulando per 4 zorni poi la morte de misser Andrea predicto.

---

1. Marc Cornaro, le père de la reine Catherine.
2. Louis Perez Fabrice, partisan dévoué de Jacques et très-opposé à la domination vénitienne, frère de Jean Perez Fabrice, comte du Carpas. Notre *Hist.* t. III. p. 164. p. 311. 402.

IV. In questo mezo, occorse che le galeaze vostre, come sa el magnifico misser Josaphat Barbaro, fo retenute per 3 zorni quelle che andavano a Uxon Cassan; e le monition e polvere portava le dite gallie era nel castello de Famagosta. E quanto fusse l'ajuto de mi Piero Davila in liberar dicte gallie, monition e polvere è noto al dicto misser Josaphat. E subito liberate dicte gallie e monition, i rebelli deliberavano mandar la maestà de la Rezina cum el re suo fio fuora de Famagosta, a Nicosia, afin che nesum Venetiam non se trovasse a Famagosta, ne potesse intrar nel porto, acio la terra restasse in suo dominio, cum tuto el resto del regno. Et illo tunc, volevano mandar fuora del regno misser Zorzi Contarini [1], conte de Çaffa, e misser Piero Bembo [2], attinenti de la maestà de la Regina, uno diqual za havea charga la sua roba.

E i detti rebelli desfurnino una nave per far mantelleti a li merli de la muraia, quella fortificarono. Et io, vedendo tal abominevel tradimento, non obstante ch'io fusse guasto de la persona, e quasi tuta la mia zente cum loro, cussi solo et desacompagnado, deliberai recevere la morte senza alguna speranza di salvar la vita, et similiter de mia moier et fioli, et andai a parlar a li rebelli a caxa del arcivescovo. Ai qual dissi che se misser Andrea Corner havea uxato alcuna cossa contra di loro, la maestà de la Rezina et suo fiolo non meritava esser privi del suo regno e libertà; pregandoli violesse haver rispeto al benefficio recevuto dal signor Re, et a la ricomandation li havea fato de la moier, filioli et suo regno; et altre parole bone et consonnante. E fo me risposto molte parole simulatorie par l'arcivescovo, fenzendo essere boni servitori de la maestà de la Rezina.

Ai qual rispoxi che subito me dovesseno render el castello de Cerines, aliter io meteria a sacco, fogo e sangue le vite e le facultà. E fo bixogno uxarli tal parolle per che priegi ne raxon non mi zovava. Le qual parole miraculose li spaventò in tanto i perdeteno l'animo et le forze. E ditto questo, e partito de li el conte de Tripoli [3] me vene driedo con molte parole pregandome

---

1. Georges Contazini, cousin-germain de la Reine, créé par elle comte de Jaffa et d'Ascalon, avec le rang de premier comte du royaume. *Hist.* t. III. p. 366. 369.

2. Pierre Bembo, parent aussi de la reine. *Hist.* t. III. p. 381.

3. Jean Tafures, comte de Tripoli. Voy. notre *Hist.* t. III, p. 355, 371-372, 403, 409.

chio non fesse movesta alguna insino a tanto el parlasse cum loro, et intendere se de voluntà violesseno render dicta forteza. E cussi da li a pochi zorni, instando cum i mei fratelli e compagni, armata manu me rendeteno dicta forteza de Cerines, e da li a pochi zorni Baffa e Limison.

Lequal forteze conquistade, deliberai che la maestà de la Rezina fusse conduta a mesa, una domenega, a la capella de la sua corte; e l'altra dominica sequente similiter, contra el voler di rebelli, deliberai de far la andar a messa a la Nostra Dona di Carmeni. Nel qual tempo, el magnifico misser Josaphat Barbaro cum Thomaxo da Imola[1], e soa zente, erano reduti in gallia per rispeto di tanto pericolo; e nil minus, vista la fede e quanto io me adoperava per beneffitio e liberation de la maestà de la Rezina e de quello regno, avanti la dicta Rezina andasse a messa, esso misser Josaphat, insieme cum el magnifico baylo, vene a corte; dove zonti, al dismontar di la scalla, consignai la dicta Rezina a soe magnificentie dicendoli : « Piliadi la vostra filiola. » Laqual per mi fo posta tra lor doi, in presentia di rebelli, e tuto el populo e zente d'arme che li se trovavano. E li subito, ad alta vose, per terror di rebelli, contra la volontà di qual la conduseva a la messa per poterla deliberar, comenzai a cridar : « Viva, » *viva la rezina Catherina!* Et in quello instante, cridò similiter gran zente. E posto quella a cavallo in mezo de ditti ambasador e baylo, l'acompagnai, e quella per sua deffension seguitai fin al ditto luojo; e poi la ritornai a corte. E per lo simile, la dominica seguente, a la giesia greca, per conquistar el populo a la Rezina.

v. Lequal cosse seguide, dubitando che questi rebelli non piiliassero partido de far me morir, per che tanto li perseguitava, deliberai de asaltarli in corte la dominica seguente, perchè io piu presto deliberava morir cum la spada in man cha esser morto a tradimento. E uno zorno avanti, parlai cum misser Pasqual Pisani e disilli landasse al magnifico misser Vetor Soranzo, e dire come el seguente zorno deliberai de asaltar i ditti rebelli in corte; e che sentendo el remor in la terra, dovesse desmontar in terra con tuto el forzo suo e rompere le mure per darme soccorsso. De che me fo riposto che cussi faria. Ma Dio, che dispone

---

1. Thomas d'Imola, un des commandants de l'artillerie que la république de Venise envoyait au roi de Perse. Il se trouvait de passage en Chypre avec l'ambassadeur. *Hist.* t. III. p. 352.

ogni cossa per lo melio, permesse che ditti rebelli non venero a corte, che mai per avanti non erano restati de vegnir salvo quello zorno; excepto Saplana solo e senza arme per timor, e li altri se haveano fati forti ne le lor caxe. El qual Saplana, me uso parole dicendo : « Pietro Davila, damo sel te par e che tu non
» voli che stia nel regno, io non li starò; ma dimanderò un salvo
» conduto a la magnificentia de misser Vetor Soranzo, per an-
» darmene. E sel te par che io ne stagi, ne starò. » Io li respoxi chel intendeva ben quello l'havea a far. E cussi se ne andò, ne fici novità alguna, per poderme melio trovar cum tutti ne la ditta corte. Tamen, Idio permesse che tuti se ne andorono. E in che modo ogni uno l'intende. De che ben fo da ringratiar Idio, che cussi seguisse senza effusion di sangue; chè certo in logo de chadaun de noi, i rebelli ne haveano piu de 50. Perchè ancor al suo comando haveano le zente de la terra. I qual rebelli per far le tut. movere sonono de note la campana a martello, quando amazono misser Andrea Corner, et etiam tute le mie zente contaminade che cum loro manzavano e dormivano excepto quelli pochi de la mia nation, e nesun altro che loro o pochi nè di nè notte me seguitava. E cussi cum la Dio gratia, la maestà de la Rezina fo messa in libertà, cum el suo regno.

VI. Fuziti i rebelli, et atrovandome tute le forteze del regno ne le mie man e possanza, et io ritornando a la terra dal perseguitar de dicti rebelli, andai a la porta di la Marina, facendo dar noticia al magnifico misser Vetor Soranzo li piasesse intrar ne la terra et andar a la maestà de la Rezina. E fatoli io calar la cadena intrò insieme con mi et sè apresentò a la maestà de la Rezina. Laudando sua Maestà Idio et la mia fidelità che le cosse erano redute in tranquilità[1], el qual magnifico misser Vetor dapoi pregadi sè volesse trovar in convivio in caxa mia con tuti i sopracommiti. Al qual convito etiam invidai el magnifico baylo. E venuti a l'hora ordinata, poi tal convivio, li usai, coram omnibus, queste formal parolle : « Magnifico misser Vetor, baylo
» et sopracommitti, la caxon de questo convivio è stado per
» dechiarirve l'animo mio, che havendo io recuperate tutte le
» forteze di questo regno de man de rebelli, lequal sono ne le mie
» man e possanza [2]; » Atrovandosse a tal convivio el conte de

---

1. Ainsi à l'original. Mais il manque ici un mot, comme *pregai* ou *invidai*.
2. La rédaction de Davila est ici un peu confuse, mais le sens est clair. Du

Rochas[1], el conte de Tripoli[2], insieme con mi governadori del regno, li dissi presenti i ditti signori che subito con l'alta corte cerchasseno de consignar tal forteze in man de persona fusse piu propinqua et acostada a li servitii de la maestà de la Rezina e del re suo filiolo, perchè mi ne cossa che me tochasse volea tegnir tal forteze. E rivolto a li ditti magnifici misser Vetor, baylo e sopracommitti, li dissi : « Ve offerano[3] questo
» reame come a quelli che de qui apresenta la illustrissima
» signoria de Venexia, come madre e protectrice de la maestà
» de la Rezina e del signor re suo fiolo. E liberamente intradi
» per le forteze e per tutta l'isola come faresti per la piaza de
» San Marco in Venexia, al modo erano consueti de far, vivendo
» e poi la morte del re Çacho. »

VII. Non me par ancora de taxere, serenissima signoria, che avanti seguisse tal libertà, i ditti rebelli, poi morto misser Andrea Corner, deliveravano far bater moneda del arzento de la maestà de la Rezina per pagar la zente per melio condurle al suo proposito. E tolte marche cento d'arzento non piasendoli la stampa fata far per el dicto misser Andrea perchè le suole[4] lettre de quella che diceva : *Catherina Veneta,* per l'arcivescovo[5] fo gitada via, presente molti. E parendo a mi tal atto tochar l'honor de la maestà de la Rezina et de vostra illustrissima signoria, per tirar a mi le zente, richiezi dicto arzento a li rebelli, dicendo che per lo amontar di quello, io pageria le zente de mei denari. E cussi, per lo amontar de quello le pagai.

VIII. E visto la maestà de la Rezina che non solum in questo, ma in altro in suo servitio exponeria la vita et la mia facultà, vedendosi in tanta extremità et eminente pericolo, misser Luca Corner, suo fradello, me mandò a dir che la maestà de la Rezina e suo fiolo e quanti erano se ricomandava a Dio e poi a mi, perchè non haveano altra speranza se non in Dio et in la persona mia ; e che non mi sparagnassi in alguna cossa, si in l'haver come in ogni altra cossa, che achadesse ; che se Dio la liberava da tal fortuna, faria cognoscer mi Piero Davila la remuneration

---

discours direct qu'il ne termine pas, il passe à la forme narrative.
1. Le comte d'Edesse ou de Roha, Grinier de Morpho. *Hist.* t. III. p. 377.
2. Jean Tafures.
3. *Sic.* Offeramo?
4. Je lis à l'original : *lescuole.*
5. Louis Perez Fabrice.

lei me faria. E in vero, serenissima signoria, in tuto el tempo de la ditta fortuna, non se po dir che algun subsidio de dinari habia hauto da la Rezina per pagar ditte zente, salvo ducati 200, che me portò misser Zorzi Contarini, per sovegnir esse zente; lequal, per redur al canto mio, a quelle distribui de mei danari et facultà grossamente e in far spexe e donation come necessitava, non sparagnandome in alguna cossa, come è noto a tutti quelli che aquel tempo de li se atrovorono, senza esserme mai satisfatto.

Per le qual cosse, la signoria vostra puo comprendere quanto sia sta la fede et ardentissimo dessiderio mio per conservation del honor de la maestà de la Rezina, vostra filia, e del nostro glorioso senato. Puo etiam comprendere che quando i rebelli tolsseno le forteze del regno, se Piero Davila se fusse intexo con loro, exponendo le sue forze cusi come li expose per liberar la filia de vostra signoria e suo regno, quello saria occorso? Overo, que poi fuziti i ditti rebelli, che tute le forteze erano ne le mie man, se io havesse cridato: *Cerlota!* quello saria seguito? A instantia de la qual, nel tempo del mio signor re, quando de qui se parti la Rezina per andar de li, anchora chel fusse potente per terra e per mar, i paexani deliberavano de taiarlo a peçe, per far essa Cerlota signora. Havendo vostra sublimità piu presto miraculose cha ultramente conquistado dicto regno, senza effuxion de sangue, senza spexa e seguito de zente per el mezo de Piero Davila, chome è noto a tuto el mondo, che lui ha recuperato da le man di rebelli el regno et la regina de Cypri e defensado l'honor de la signoria di Venexia, sua madre; per el mezo etiam mio e de la mia sinçera fede per conquistar dicto regno, cum el mio signor Re, ho sparso piu volte el mio proprio sangue; e quello deliberado de man de Mori che ne voleano taiar a peçe per farse de questo regno segnori; da i paexani che volevano taiar a peçe el re, et ultimo loco da le man de rebelli.

ix. Confidentemente ricorro a li piedi de la signoria vostra, quella humiliter supplicando che attento che, quando alias de Cypri zonzi a Venexia, la bona memoria del serenissimo principe misser Nicollo Marcello [1], in presentia de tuta la bancha [2] cum tanta ferventia d'amor me disse : « Piero, la nostra signoria ha

---

1. Le doge.
2. Le grand conseil.

» mandato per ti, per cognoscerte, remunerarte et honorarte, et
» per intender le cosse necessarie de Cypro; » e molte altre
parolle. Et attento che per le mie bone opere et fede, Idio, per
sua clementia, volsse liberar la mia dona e fioli al suo vegnir de
qui dal impeto de 7 fuste de Turchi, che improvidamente assaltone la gallia in uno porto chiuso, senza essere algun armado;
la qual Idio per miracolo salvo, et non li homeni; la vostra
signoria, che in questo logo apresenta Dio, per remunerar i beni
meriti del stado de quella e per far justicia; el qual Dio cognosce
chel cuor de la signoria vostra intende le quanto presidio li sia
stata la mia fede e boni deportamenti, i qual tuti servitii fati cum
tanta fervente fede et amor, cussi in vita come dapo la morte del
re, cridano e dano voie davanti el conspecto de la signoria vostra,
quella se degni darmi bona e graciosa licentia, io possa andar ad
habitar ne la mia patria de Spagna, perchè questa region non me
comporta, perchè za anno uno e mezo patisco gran et continuo
fluxo de sangue, qual credo causi la frigidità del paexe. Et insuper la signoria vostra se degni a mi e mei heriedi e descendenti
confirmar tuto quello che me fo dato e concesso per el mio signor
re in Cypro[1], in quello modo e forma come appar per i mei privilegii a mi fatti per el dicto signor re. Et che le cosse mie de
Cypri siano tractade come erano in tempo de quello. E far tal
confirmation si valida che per l'absentia mia, filioli over descendenti, mai non me li sia moso garbuio.

Insuper, la signoria vostra se degni recommandarmi a qualche patron de nave o gallia che andera in quelle parte, me volia
levar et havermi per ricomandato secondo la qualità e condition
mia, azio possa passar seguro. E rendasse certissima la signoria
vostra che mentre viverò et dove me atroverò, sempre, cum la
vita et cum la persona, li sarò fidelissimo servitor, cum quello
fervente amor e fede li son stado per el passato. Supplicando
quella que poi la morte mia, volia haver li mei filioli per ricomandati, come confido ne la clementia de essa vostra Signoria.
A la gratia de la qual sempre me ricomando.

   Au dos est écrit :
« 1480, die VIIII. Octobris. Supplicatio Petri Davila, militis Cypri. »

---

1. Le roi Jacques lui avait donné entre autres biens les fiefs de Hierokipo, Timi, Mandria, Coloni, Kato Chorio de Lefcara, Cortini, Trimithoussa, Psiati, Haï Romano et Haïos Theodoros. *Chron. de Florio Bustron.* Ms. de Londres, fol. 196 v°.

II

LES ENFANTS DU DERNIER ROI DE CHYPRE.

Le roi Jean II de Lusignan mourut en 1458, ne laissant qu'un enfant légitime, sa fille Charlotte, héritière incontestable de la couronne, car les Assises n'admettaient pas la loi salique. Il avait eu d'une femme de Patras, nommée Marie ou Mariette, un fils naturel, connu dans l'histoire sous le nom de Jacques II ou de Jacques-le-Bâtard. C'était un enfant d'une rare intelligence et d'une très-belle figure. Son père l'aimait passionnément et ne cachait pas sa tendresse.

Un jour, dans une promenade de la cour, comme on était arrivé au lieu du repos, le jeune prince, s'étant allégé de quelques vêtements, le roi, à la vue de ce bel enfant dans lequel il se sentait revivre, le saisit dans ses bras en le couvrant de caresses et ne put retenir des larmes d'attendrissement et de bonheur.

Si loin qu'allât son affection pour lui, le roi n'eut jamais la pensée de violer la constitution du pays en sa faveur. Mais Jacques profita des largesses que lui prodiguait son père, pour se créer un parti d'étrangers qu'il opposa à l'ancienne noblesse restée fidèle à Charlotte. Avec son aide, il détrôna sa sœur et parvint à reconquérir Famagouste sur les Génois.

Bien qu'il eût accepté la protection vénitienne, en épousant Catherine Cornaro, adoptée par la seigneurie de Venise comme sa fille, il finit, en manifestant quelques velléités d'indépendance, par devenir très-gênant pour la république, à qui il était alors d'une nécessité absolue de commander souverainement dans l'île de Chypre, en raison de ses projets d'alliance avec le roi de Perse, pour agir en commun contre les Turcs, maîtres de Constantinople.

A trente-trois ans, le 6 juillet 1473, en pleine possession de la jeunesse et de la santé, Jacques II mourut subitement, à la suite d'un léger dérangement d'entrailles. Les ennemis de Venise ont dit que le roi de Chypre succomba au poison. Je ne crois pas calomnier le gouvernement de Saint-Marc en déclarant que l'accusation me paraît fondée, bien qu'on n'en puisse exhiber nulle preuve authentique.

Je publierai un jour quelques pièces assez graves, inconnues peut-être des Vénitiens, ou qu'ils affectent de méconnaître. Ils y verront, quoi qu'en aient pensé d'excellents patriotes, le comte Tiépolo et M. Romanin, le dernier historien de Venise lui-même, que la seigneurie allait quelquefois jusqu'à discuter dans ses conseils, — et même à en tenir procès-verbal, — la question de savoir si un prince trop inquiétant pour sa politique devait cesser de vivre. Sans attendre davantage, on trouvera dans les documents imprimés ci-après trace de quelques honteuses affaires semblables [1].

Le roi Jacques mort, le fils posthume que mit au monde Catherine Cornaro mourut aussi ; la reine abdiqua ; le drapeau de Saint-Marc fut arboré à Nicosie, et l'île devint une possession vénitienne. Tout se passa comme il était convenable, et la seigneurie n'eut plus qu'à veiller sur la descendance illégitime du roi Jacques, afin que nul de ces enfants naturels, qu'elle consentait à laisser vivre, ne s'avisât, à l'instigation du roi de Naples ou du sultan d'Egypte, comme le bruit en courut plusieurs fois, non sans quelque sérieuse raison, de revendiquer un jour la couronne de Chypre. Ici encore Venise réussit par la vigilance, le secret et une sage temporisation.

Le roi Jacques laissait trois enfants naturels : une fille, Charlotte, née au mois d'avril 1468, et deux fils : Eugène, l'aîné, qui avait environ 5 ans à la mort de son père, et Jean, nommé quelquefois Janus, mais dont le vrai nom est Jean.

Le 30 octobre 1476, le Conseil des Dix ordonna au capitaine-général de transporter ces enfants à Venise, avec Mariette, la mère du roi Jacques, et les gens nécessaires à leur service [2]. Ils étaient attendus au Lido au mois de janvier suivant [3], et ils durent s'établir peu après dans l'un des grands monastères, où l'on avait fait disposer des logements pour les recevoir. Ils y séjournèrent peu. En 1478, le Conseil crut prudent de les faire enfermer sous bonne garde au château de Padoue [4].

Charlotte mourut dans cette résidence le 24 juillet 1480, âgée de 12 ans et trois mois. Il y avait eu déjà quelques intrigues pour la

---

1. Voy. les dépêches du 30 juillet et 28 août 1518.
2. Notre *Hist. de Chypre*, t. III, p. 408.
3. *Hist. de Chypre*. t. III. p. 412.
4. *Hist. de Chypre*, t. III, p. 413 not., et ci-après, Extraits des *Diarii* de Sanudo, Ann. 1500.

marier avec Alonzo, fils naturel du roi de Naples[1]. Toutes ces circonstances n'autorisent pas trop les Vénitiens à trouver outrageante pour l'honneur de leur gouvernement la réflexion suivante du comte Daru au sujet de la mort de la princesse : « Quand on ne veut pas être accusé d'empoisonnement, il est fâcheux d'être aussi bien servi par la fortune [2]. »

Charlotte fut inhumée sur sa paroisse, dans l'église Saint-Augustin, voisine du château et aujourd'hui détruite, près de l'endroit où Mariette de Patras, son aïeule, fonda, en 1483, l'autel du Sauveur, ou de la Pietà. L'on grava pour elle, sur un marbre blanc, l'épitaphe suivante [3] :

ZACHI CYPRI REGIS
CERLOTA
H. SEP. T.
ANN. SUÆ ÆTAT. XII. MENS. III
M. CCCC. LXXX
XXIV. IVLII.

Schrader [4] donne le texte suivant de l'inscription :

ZACHI CYPRI REGIS
CERLOTA
F. N. SEP.
ANN. SUÆ ÆTAT. XII. MENS. III.

L'église de Saint-Augustin était la paroisse du château ; elle renfermait plusieurs souvenirs de la piété des Chypriotes qui avaient habité la forteresse. On conservait au trésor une belle paix en or donnée par Mariette [5].

Non loin du tombeau de Charlotte, se trouvait une peinture ou un bas-relief représentant la princesse, couronnée d'un diadème royal, agenouillée auprès du groupe que les Italiens appellent une Pietà : la Sainte-Vierge et saint Jean priant aux pieds du

---

1. Coriolan Cepio, *de Mocenici gestis*, p. 73, 76, in-12, Bale, 1544; Navagiero, ap. Muratori, *Script. ital.* t. XXIII. col. 1138.
2. *Hist. de Venise*, l. XVII. ch. 15. t. II. p. 457. éd. 1853.
3. Jac. Salomonii, *Urbis Patavinæ inscriptiones*, p. 59. Padoue. 1701.
4. *Monum. italic.* p. 15.
5. Salomonii, *inscript.* p. 59. n° 98.

Christ en croix. Il déplut au Conseil des Dix qu'on eut ainsi orné la tête de la jeune enfant, et les recteurs de Padoue reçurent ordre de faire remplacer sans retard l'emblème princier par une simple couronne de fleurs [1].

Marie de Patras mourut en 1503, le 12 avril, comme porte une inscription citée plus loin. On l'avait surnommée en Chypre la Camarde, *Commomutena*, parce que la reine Medée de Montferrat, dans un accès de jalousie, l'avait fait mutiler. Elle fut inhumée à Saint-Augustin, où elle allait souvent prier, entre la Pietà et l'autel de Saint-Charles. On grava sur son cercueil une couronne, un lion ailé et ces mots :

> MARIETA MATER
> QUONDAM JACOBI
> CYPRI REGIS.

A côté, sur un marbre rouge, l'inscription suivante rappelait la mort de Mariette et le souvenir de la fondation qu'elle avait faite, en 1483, en faveur de l'autel du Sauveur :

> MARIETA MATER QUONDAM JACOBI CYPRI REGIS
> VIVENS SIBI FECIT
> ANN. 1483. DE MENSE SEPT.
> OBIIT AUTEM M. D. III. DIE XII. APRILIS [2].

L'église de Saint-Augustin n'existe plus et je n'ai pu retrouver les monuments qu'elle renfermait.

Les enfants, Eugène et Jean, vécurent au château de Padoue, assez parcimonieusement traités [3], négligés, souillés peut-être au contact d'infimes gardiens [4], bien qu'ils eussent un maître ou précepteur [5]. Les gens préposés à leur garde étaient généralement au nombre de neuf.

Devenus grands, ils obtinrent des subsides un peu plus élevés, mais toujours assez restreints.

---

1. Ci-après, Doc. 18 octobre 1480.
2. Salomonii, p. 98.
3. Voy. Décision du Conseil de 1491. *Hist. de Chypre*, t. III. p. 413. not. 1, et les pièces ci-après imprimées: 23 juillet 1480, 24 octobre 1502. Doc. divers de 1504-1506.
4. Ci-après, lettres de Padoue du 23 juillet 1480, 24 octobre 1502.
5. Ci-après, Doc. 1479, et 23 juillet 1480, 31 mars 1498.

Quelques Chypriotes étaient restés auprès d'eux à titre d'amis ou de serviteurs. Ils avaient la faculté d'aller quelquefois en ville et voyaient les jeunes gens des meilleures familles. Ils demandent un jour au Conseil la faveur d'avoir des couvertures de soie, pour leurs lits sans doute, afin de faire honneur à la seigneurie aux yeux des gentilshommes qu'ils fréquentent [1]. Mais ils s'empressent d'ajouter humblement que si la prétention paraît excessive, le Conseil veuille bien leur faire délivrer au moins de simples couvertures de toile ou de bure.

L'un d'eux, le plus jeune, contracta un mariage clandestin en 1504 [2]. En 1509 il avait des fils [3]. L'autre se maria aussi, mais postérieurement à 1509 [4]. Le trouble se mit un jour, et dès l'année 1504, parmi les femmes et les serviteurs de la smala, qui vivaient un peu pêle-mêle, et les princes, sans rompre tout à fait la vie commune, voulurent avoir chacun un foyer séparé. Il fallut ajouter pour cela quelques pièces à celles qui leur étaient concédées [5].

Leur attitude équivoque pendant l'occupation de Padoue par l'empereur Maximilien détermina le Conseil, lors de la reprise de la ville, à les interner à Venise, où ils furent d'abord emprisonnés à l'arsenal, puis remis en une demi-liberté, mais toujours très-surveillés et assez mesquinement traités. Ils parvinrent à s'enfuir dans la nuit du 31 mars 1513 [6], déclarant par un écrit laissé dans leur demeure qu'ils ne quittaient Venise qu'afin de se soustraire à une situation indigne d'eux, et assurant d'ailleurs que, quelque fût le lieu de leur résidence, ils resteraient toujours fidèles à la république de Venise. C'étaient, d'après Sanudo, qui put les voir à Venise, deux beaux et vaillants jeunes gens : *zoveni grandi e belli in aspetto et molto virtuosi*[7].

Ils ne tinrent pas tout à fait leur promesse. Suivant les événements politiques en Italie et en Allemagne avec une anxiété bien naturelle, ils se laissèrent aller aux illusions et espérèrent un moment pouvoir reconquérir le trône de Chypre, à la faveur des

1. Voy. 23 octobre 1502.
2. Ci-après, Doc. de 1504-1506, et 20 mai 1504.
3. Extraits des *Diarii*. Ann. 1509.
4. *Diarii*. Ann. 1509.
5. Voy. ci-après Doc. 7 mars 1504, et les *Diarii*.
6. Ci-après les *Diarii* de Sanudo.
7. Ci-après. *Diarii*. Ann. 1513.

inimitiés que provoquait la puissance de Venise. C'est dans ces conjonctures, qu'un bandit offrit à l'ambassadeur vénitien résidant à Rome de délivrer définitivement la république des ennuis que pouvaient lui occasionner les intrigues de l'un des princes, alors en Allemagne[1].

L'offre est formelle, le prix du service bien stipulé. C'était le rappel du ban qui exilait Agostino del Sol et, après l'évenement, une pension ou certains émoluments qui lui permissent de vivre convenablement à Venise. Le gouvernement, ne donna peut-être pas suite à ces propositions infâmes.

Il n'était pas même éloigné de rappeler les princes à Venise, en leur assurant un sort acceptable. Eux-mêmes inclinaient au retour dans un pays qui était devenu pour eux comme une seconde patrie.[2] Tout cela semble avoir été cependant négligé et être tombé peu à peu dans l'oubli. Mais je dois avouer que je n'ai pu suffisamment interroger à cet égard les *diarii* de la bibliothèque Saint-Marc. Il me paraît difficile que ce vaste et précieux recueil de 58 volumes, où Sanudo a inscrit presque quotidiennement pendant 38 ans le résultat de ses informations, dans les conseils et dans la ville, de l'an 1495 à l'an 1533, ne donne sur le sort de nos Chypriotes que les fragments insérés plus loin. Si de nouveaux extraits me parvenaient ultérieurement, je prierais qu'on leur fit ici bon accueil.

La dernière trace que j'aie des enfants du roi Jacques est de l'année 1523. A cette date, Eugène se trouvait à Vienne, et Jean probablement en Italie. Ils savaient l'un et l'autre que les sénateurs Lucas Tron et Marc-Antoine Lorédano avaient fait une motion en leur faveur au Conseil des Prégadi, et ils se montraient désireux de rentrer à ces conditions à Venise. Eugène, l'aîné, pouvait avoir alors environ 56 ans.

Suivant le P. Etienne de Lusignan, Jean, qu'il appelle Janus, comme beaucoup de ses contemporains il est vrai, vécut jusqu'en 1553, « plein d'années, ayant bonne pension du sénat vénitien.[3] » Mais le bon Etienne est si dénué d'esprit de suite, de critique et de ressources historiques qu'on ne peut jamais faire grand fonds sur lui.

1. Voy. ci-après les dépêches de Minio, du 30 juillet et 28 août 1518.
2. Voy. ci-après les extraits de la Relation de Massario, de 1523.
3. Les *Généalogies de soixante-sept très-nobles maisons*, p. 93. Paris, 1586.

On ne s'explique pas, par exemple, qu'en parlant des enfants naturels du roi Jacques, l'historiographe de leur maison ne dise rien de l'aîné des fils, de cet Eugène, que nous suivons au moyen de documents certains jusqu'en 1523.

1479, 22 Janvier. Venise.

Décision du Conseil des Dix cassant André de Pola, commis jusqu'alors à la garde de Mariette de Patras, mère du feu roi de Chypre, et nommant à sa place Christophe Mutio, de Capo d'Istria, maître des enfants du feu roi qui restera toujours chargé de leur éducation.
Venise. Conseil des Dix. *Misti*. Reg. 19, fol. 108, v°.

M. CCCC. LXXVIII. Die XXIII. Januarii.

Quod per ea que habentur dicta et lecta sunt huic Consilio de Andrea de Puola, deputato ad custodiam domine Mariete, matris quondam regis Jacobi, ingrato ipsi domine; propter demerita sua, idem Andreas cassetur. Et per relationem que habetur ex pluribus nobilibus nostris de integritate et fide Christophori Mutii, Justinopolitani, magistri puerorum regiorum, deputati per hoc consilium ad docendum eos, addantur salario quod habet a nostro dominio, ducati viginti, ita quod de cetero habeat ducatos sexaginta in anno et ratione anni. Et obligetur attendere custodie dicte domine et puerorum. Et de hac nostra deliberatione detur notitia rectoribus nostris Padue. — De parte, 16. De non, 1. Non sinceri, 0.

1480, 23 Juillet. De Padoue.

François Sanudo[1], capitaine de Padoue, annonce au doge de Venise que la princesse Charlotte de Chypre est arrivée à ses derniers moments et probablement morte à l'heure présente ; il se plaint des difficultés que provoquent par leurs exigences Thomas, attaché au service de Marie, la mère du feu roi, ainsi que le maître des jeunes enfants du roi; et appelle l'attention du doge sur la conduite et les mœurs de ces enfants[2].

---

1. Oncle de Marin Sanudo, dit Sanudo le jeune, l'auteur des *Diarii*.
2. Je recueille cette lettre utile, parce qu'elle ne se trouve imprimée que dans les notes d'un livre rare et peu connu, la précieuse édition de l'itinéraire descriptif dressé par notre Marin Sanudo, à la suite de l'inspection des provinces vénitiennes qu'il fit en 1483, avec les syndics de Terre Ferme :

Venise. Biblioth. St-Marc. Mélanges donnés par M. Rawdon Brown. Copie de la lettre de François Sanudo, de la main même de Marin Sanudo le Jeune.

Serenissimo principi et domino excellentissimo, domino Joanni Mocenigo, Dei gratia, inclito duci Venetiarum, etc.

Serenissime princeps et domine excellentissime. Subito scripsi a la vostra serenità quam primum che habi notizia di la infirmità et invalitudine era sopravenuta a madona Zarla de Cypri, la qual malatia sempre si ha zudegado esser mal di peste ; a hora, per quel mi ha mandato a dir misser lo castellan, par che sia expirata et morta [1]; et Madama [2] mi ha mandato a rechieder li mandi danari et si proveda di cera per la sua sepultura ; et cussi subito ho facto. Mi doglio molto per la desobedientia tardo obedir quel Thomaso, fameglio suo del castello, e ancor quel valente suo maestro di scuola, il qual certo, serenissimo principo, non e bene a tignirlo più in quel loco, et è stato caxone di ogni malle, benchè creda sarà ancor favorizato da qualche uno non di nostri patritii.

E molto da dubitar di puti [3], avenga el sia sta dato ordene per me i siano separati, e tanto plui è ho da dubitar, perchè tutti di questa fameglia sono ad insieme meschiati et altri. Farò far ogni provisione mi serà possibel, non hi trazendo per hò di castello, benchè da madama Rezina [4] sia sta richiesto. E se altro paresse a la vostra celsitudine, quel la comanderà se obedirà. Mi doglio che per mia sorte, come è mio debito, molte lettere cum la mia solita reverentia ho scripto a la vostra excellentia et raro vel nunquam ho risposta. Quamvis io judico per esser implicita de più ardue et importante materie, purchè io intendesse la intentia di la vostra sublimità, a mi è facil cosa semper obtemperare mandatis. Gratiæ cujus continue me commendo.

Ex Padua, die XXIII. Julii, M. CCCC. LXXX.

Franciscus Sanutus, Paduæ capitaneus.

Itinerario di Marin Sanuto per la Terraferma Veneziana nell' anno 1483. Padoue. In-4°. 1847. Pag. xiij. Publié par M. Rawdon Brown.

1. Son épitaphe porte qu'elle mourut le 24 juillet 1480. Voy. ci-dessus.
2. Marie de Patras.
3. Eugène, l'aîné, avait alors environ douze ans.
4. Comme son oncle François, Marin Sanudo donne dans son itinéraire, à la mère du roi Jacques le Batard, ce titre de reine qui n'était que de pure courtoisie : « Ivi è quella regina di Cypro. » *Itinerar.* pag. 25.

1480, 18 Octobre. Venise.

Ordre du Conseil des Dix aux recteurs de Padoue d'avoir à faire enlever soigneusement la couronne royale peinte au-dessus de l'effigie de Charlotte, fille naturelle du feu roi de Chypre, et d'y faire substituer une simple couronne d'herbes vertes.

Venise. Conseil des Dix. *Misti.* Reg. 20. fol. 29 v°.

M. CCCC. L. XXX. Die XVIII. Octobris.

Quod per ea que ex Padua habentur de Zarla, filia naturali et non legitima quondam regis Jacobi Cypri, picta ad sepulturam cum corona in capite, precipiatur auctoritate hujus consilii rectoribus Padue ut deleri faciant coronam. Et loco corone, fieri et pingi faciant corollam seu sertum contestum herbis viridibus pictis. Et hec fieri faciant quam desterius fieri poterunt. — De parte, 10. De non, 5. Non sinceri, 0. — Facte fuerunt littere die 20 octobris.

1498, 31 Mars. Venise.

Demande d'emploi de gardien des enfants du roi de Chypre.

Venise. Conseil des Dix. *Parte Miste. Filza III.*

M. CCCC. LXXXIX. Die 31 Martis. Infrascripti fecerunt se scribi ad probam unius hominis ad custodiam filiorum regis Cypri. Jachetus, olim custos filiorum regiorum predictorum, commilito. Johannes Begnolo, etc.[1].

1498, 17 Juillet. Venise.

Attendu que les enfants du feu roi de Chypre, devenus hommes, dépensent beaucoup plus qu'à l'époque où ils étaient en bas âge; attendu qu'ils ont été contraints pour subvenir à leurs besoins d'emprunter diverses sommes d'argent et de mettre en gage leurs propres vêtements, ce qui porte atteinte à leur considération et à l'honneur même de la république, le Conseil des Dix ordonne aux trésoriers de Padoue de retirer les objets engagés, de payer les dettes des enfants, d'appliquer à leur entretien les cinq ducats mensuels que leur maître Christophe Mutio avait eus jusque-là, un précepteur ne leur étant plus nécessaire. Mutio, en récompense de ses bons et loyaux services, recevra pour un temps les produits du sceau de Castel Franco et de Conégliano.

Venise. Conseil des Dix. *Misti.* Reg. 27, fol. 178, v°.

1. A la suite plusieurs noms effacés.

M. CCCC. LXXXXVIII. Die XVII Julii. Filii quondam regis Jacobi Cypri, facti homines, commorantes in castello Padue, multifariam coguntur facere majores impensas quam hactenus dum essent pueri fecerunt; et sicut relatum est per custodes eorum, sunt debiti banchis Judeorum ultra ducati 125, et posuerunt in pignus vestes et alia bona eorum. Insuper sunt debitores diversis personis ultra ducatos 190. Que omnia sunt cum onere dominii nostri et hujus Consilii; pro honore cujus ac etiam ut ipsi filii regii habeant eorum commoda, ut bene convenit, est providendum. Ea propter vadit pars quod, auctoritate hujus Consilii, captum et provisum sit quod per cameram nostram Padue exigantur ab Judeis vestes et res que sunt in pignus predictorum filiorum regiorum pro ducatis 125. Insuper solvatur et satisfiat creditoribus eorum pro summa ducatorum 190, ut subleventur ab hac verecundia et onere. Nec non ut possint uti vestibus suis, et honorifice vestire, ut decet honorem hujus consilii.

Verum, ut ipsi filii regii habeant modum largiorem vivendi, ex nunc sit captum quod magister Christoforus Mutius, magister suus in gramatica, licencietur, et provisio sua ducatorum quinque in mense detur et applicetur provisioni dictorum filiorum regiorum. Set quum ipse magister Christoforus fidelissime se habuit in servitio suo, et est optime meritus, ex nunc captum sit quod eidem dentur cancellarie Castri Franchi et Coneglani, pro uno regimine pro singula. Cum hoc quod teneatur illas personaliter exercere, incipiendo a prima vacatura, et cum ista conditione eligantur rectores dictorum locorum, qui de tempore in tempus erunt eligendi.—De parte, 14. De non, 0. Non sinceri, 0.

1500-1513.

Extraits des *Diarii* de Marin Sanudo le Jeune.

Venise. Bibl. de St-Marc. Mss.[a]

A. D. 1499 (1500). A di 15 Zener [2]. E dapoi disnar in Pregadi, vene una letera data in castel di Padoa di 14, scrita per Eugenio et Jano, fioli fono naturali dil re Zacho di Cipro, qualli stano li per il Conseio di X. con custodia. Vano fuora per hò, et hanno provisione per il vito da quella camera ducati 25 per uno

1. Voy. *Hist. de Chypre*, t. III, p. 435 et 449, n.
2. Vol. 2. f° 231.

al mexe; et la madona lhoro fo madre dil re, la qual non ha naso, perchè li fo tagliato. Ha ducati ..... pur al mexe, et poi bisognandoli danari per vestir o altro, el Conseio di X. li manda, et ha 9 guardiani con ducati 8. di provisione al mexe per uno[1], qualli stano in castello. Or questi scrisseno alla signoria come erano stati 22. anni[2] di dentro, in amicitia con tutti li castelani, ma al presente si doleano di ser Andrea Dandolo, castelam. Et li fo scrito al capitanio di Padoa, dovesse ordinar a ditto castelam, li facesseno bona compagnia.

A. D. 1503. Maggio[3]. Morite a Padoa in questi zorni[4] madona Marieta, fo madre del re di Cypri, a la qual fo taià il naso. Stava in castello, e havia provisione. Fo sepulta honorifice in la chiesia di San Agostino.

A. D. 1509. Adi 5 Giugno[5]. Et venuto zoso[6] Pregadi, se intese Padoa ozi esser persa e li rectori e proveditori venivano zozo. Et cussi fue, videlicet che quella matina a hore ..... havendo mandato Padoani uno suo citadin a Vicenza, da Lunardo da Dresano, e per nome dil re di Romani, videlicet Jacomo di Doctori, a capitular di darsi, et mandasse uno araldo a Padoa che si dariano; e ritornato quelli citadini disseno ali rectori esser zonto l'araldo et mostrò la letera li scriveva che si dovesseno render ala maestà Cesarea; dal qual ariano bona compagnia e sariano restauradi di tutti i danni auti da 100 anni in qua, aliter verà a meter a fuogo e ferro etc.; et cussi che lhoro si volevano dar per non haver danno. Et li rectori, vedendo tutta Padoa in arme su la piazza, dubitando di la vita, non sapeno far altro cha far lezer la letera di la signoria che era contenta si desse al imperio, et volendo star soto la signoria li fevano exenti.

Et mandato per barche a Porzia tutti tre, ser Francesco Foscari, cavalier, ser Hironimo Donado, doctor, ser Zorzi Emo, provedidor, ser Constantin Zorzi, camerlengo. Et ser Marco Moro, camerlengo, restò a far vegnir li do signori di Cypri, fo fioli di re Zacho naturali, qualli stevano con gran spexa a custodia in castel di Padoa; li quali fenno cargar la sua roba in

---

1. Voy. ci-après 8 mars 1504.
2. Depuis l'an 1478.
3. Vol. V. fol. 34.
4. Marie de Patras était morte le 12 avril 1503. Voy. ci-dessus, p. 4 bis.
5. Vol. 8. f° 277.
6. *Zoso*, ou *Zozo*, indiquait que la séance du Sénat avait eu lieu le soir.

barcha, perchè uno di lhoro è maridato, et a fioli, et li fo dato 120 ducati per far questo effecto ; e questi non li poteno aspetar, che par si pentino, e non veneno piu. Et cussi questi rectori fonno accompagnati da li citadini im Porzia, e montono in barcha per Veniexia. Etiam li rectori di Vicenza, ser Francesco Donado et ser Gabriel Moro, cavalier, erano a Padoa; veneno in conserva et gionseno a horre una di note a Venexia; et Padoani subito levono uno ninzuol bianco con una aquila negra im piazza, cridando: *Imperio, Imperio!*, et le caxe de zentilhomeni fonno messo a sacho come dirò poi.

A. D. 1509. Adi 6 Giugno [1]. Di Padoa se intese esser sta fato una crida, *etc.* — Item, quelli signori di Cypro, hessendo carge le sue robe per vegnir a Venexia, et messe suso, terminono non vegnir, e licenziati li soi vardiani ozi montorono a cavallo per Vicenza e poi andar a trovar il re di Romani.

A. D. 1509. Adi 22 Giugno. Venerdì[2]. Noto a Padoa li signori di Cypro stati dal re di Romani, dal qual hanno auto 100 raynes; et li hanno remandati a Padoa pocho curando di fatti lhoro, dicendo non se incurar di Cypro, ne voler quella spexa di alimentarli, etc.; siche sonno ritornati a Padova. Se intese andono con li oratori Padoani. Item, a Padoa, mercor., adi 20, fu publichà, et cussi per le castelle qual fo aldita da nostri a Piove di Sacho la scomunicha fe il papa contra Venitiani, longa di do sfogii di carta; la qual Padoani la fenno publichar a certo suo fin cativo.

A. D. 1509. Adi 17 Luio [3]. Marti, fo Santa Marina [4], nostri introno im Padoa, e ave iterum el dominio di quella cità, la qual zorni 42. erra stati sotto il re di Romani, et il governo di Leonardo da Dresano, capetanio regio. La qual cità si ave in questo modo chome noterò qui sotto.

Et fonno presi e menati dal provedador Griti li signori di Cypri. Stavano in castello ; li qual è stati dal re e fati cavalieri; e tornati, stavano per mezo il castello in la caxa di ser Zacaria di Prioli, quondam ser Leonardo. Li quali ogi con custodia, l'horo e

1. Vol. 8. f° 289.
2. Vol. 8. f° 334.
3. Vol. 8. fol. 393, 401, 406.
4. La république de Venise célébra depuis ce temps d'une manière exceptionnelle la fête de sainte Marine, en souvenir de la reprise de Padoue, qui avait eu lieu ce jour-là.

le soe done et moglie, fonno mandati a Veniexia con li soi guardiani primi che a Padoa veneno al sacho. Et zonti, di hordine di la signoria fono messi im prexom dil armamento, et le donne nel monastero di Santo Andrea di Zira [1].

A. D. 1512. Adi 4 di Marzo [2]. Da poi disnar fo Conseio di X. con la zonta, et fu assolto el cavalier Cavriana.

Item, fu preso chi li doi signori Cyprioti, bastardi sono filioli di re Zacho, chiamato l'uno Janus, l'altro Genio, qualli stavano in castello di Padoa con guardiani et havia dal Conseio di X. danari da vestirsi et le spexe de la camera di Padoa ducati... per uno al mexe; et poi presi quando fo recuperà Padoa, fono posti in palazo in questa terra nel coleio di le Biave, e sono sempre stati con guardia; hora fu preso che a muda uno di lhoro possi andar per la terra a prender aiere, e l'altro resti, et poi l'altro vadi, e quello è sta fuori resti.

A. D. 1513. Adi ultimo Marzo [3]. In questa matina, se intese come questa note li do fioli fono di re Zacho di Cypri naturali, nominati l'uno domino Janus, l'altro Genio, qualli prima stevano in castello di Padoa con guardia, e provistoli a quanto bisognavali per il Conseio di X. e provision mensual, ita che si maritono o haveano fioli. Hora, quando Padoa rivoltoe, li rectori e sier Zorzi Emo provedador volse menarle con lhoro in questa terra, i qual dimandi alcuni danari per levarsi, e li fo dati e volendo farli montar in barcha con lhoro rectori, disseno hessendo in Porzia « monteremo in questa altra barcha, » tamen non volseno venir, e andono oratori a l'imperador, insieme con li altri Padoani; et l'imperador fece pocha stima di lhoro, i quali tornono a Padoa; e poi intrato la signoria nostra in Padoa, proveditor sier Andrea Griti, quando fu posta a sacho, ditti signori presi in castello fino mandati de qui et posti im prexon con altri Padoani, dove steteno in l'armamento alcuni mexi, demum per deliberation del Conseio di X. con la zonta, fono cavati et posti in l'officio dove si reduseva il colegio di le Biave, di sora l'officio di le Biave; et ivi è stati con lhoro moglie da quel tempo in qua; et potevano uno a la volta ussir e andar per la terra con gardia deputatoli, et li

---

1. Ancien monastère de religieuses Augustines situé à l'extrémité de Venise, près du champ de Mars.
2. V. 14. f° 9.
3. Vol. 16. f° 63.

era provisto del viver, ben è vero che talhora pativano per qualche inadvertentia. Hor, licet la note havesse una guarda, tamen eri sera, a hore do di note, ditti do fradelli, chiamati signori di Cypri, fuziteno, ligoe la guarda, e con uno frate di Charmeni e uno Paulo Cingarelo, padoan, el qual si stravestiteno, si partino; che dize montino in barcha, verso Trieste navegono; chi dici montono su qualche marziliana per andar in Ancona e de li a Napoli; unum est fugiti, e potrano forsi andando su l'isola di Cypri, far qualche novità per esser pur di linea regia, licet siano bastardi. Sonno di anni ..... l'uno et l'altro di anni ..... zoveni grandi e belli in aspetto et molto virtuosi. Si dice questi lassono una scriptura come erano partiti per non poter viver, prometendo dove anderano esser fedelissimi di questo stado, et mai voler far alcuna cossa contra la signoria nostra.

Data ut supra [1]. Da pu disnar, fo Conseio di X. con la zonta.

Fo etiam preso parte che diti do fioli fo di re Zacho fugiti, tornando in questa terra, immediate habino per i lhoro viver di provision ogni anno ducati 600 di beni di rebelli de intrada, oltra ducati 400, hanno in Cypro di certi soi casali che alias per dito Conseio di X. li fo concesso. Item, stagino in questa terra in libertà, et li sia dato per la signoria nostra una caxa per i lhoro habitar in vita soa, ut im parte.

A. D. 1513, adi primo Aprile [2]. Fo parlato in colegio zercha il partir di questi do signori di Cypro et terminato mandarli drio una galia verso Ancona, videlicet quella sopracomito sier Hieronimo Capello, quondam sier Andrea, qual è a Poveia vuoda za tre mexi, il soracomito qui e le zurme; e cussi fu fato crida tutti andasseno in gallia, ma non fo possibile armarla, voleno sovenzion, etc. E mal far venir, per farli retornar.

Data ut supra. — Da poi disnar fo colegio de Savij. Et vene sier Hieronimo Capello sopracomito con vesta da contor in collegio, dicendo non è possibile far venir le zurme siche fo fato altra deliberatione; et fo etiam scrito lettere a sier Anzolo Trum sopracomito, e in Istria, che subito vadi verso Ancona a veder quello el pol far in aver questi signori di Cypro in le mano, tamen non li troverà; et si tien inteso arano la provision datoli, sponte vegnirano qui.

1. F° 64.
2. Vol. 16. f° 104-105.

A. D. 1513. Adi 19 Aprile[1]. Di Roma vene lettere di l'orator nostro di 15, etc. etc.

Item, come hanno a Fiorenza zonti li do signori di Cypro, che fugiteno de qui, e altre particularità.

1501-1502.

Documents originaux et détachés provenant des Archives du Conseil des Dix, récemment réunis par les soins de M. Thomas Gar.
(Liasse n° 1).

1. Les Recteurs de Padoue écrivent au doge Barbarigo et aux chefs du Conseil des Dix pour se justifier des accusations portées contre eux. Ils affirment avoir toujours payé aussi régulièrement que possible « aux nobles Chypriotes et à leurs sept gardiens » ce qui leur était dû. — Padoue, 7 février 1500. (V. S.) Orig. Ital.

2. Nicolas Foscarini, capitaine de Padoue, écrit aux chefs du Conseil des Dix que les « magnifiques fils » du feu roi Jacques sont venus le trouver pour lui exposer qu'ils avaient besoin de vêtements, *pano de calze*, et le prier de transmettre leur demande à Venise.—Padoue, 27 juillet 1501. Orig. Ital.

3. La reine Catherine Cornaro écrit de Venise aux chefs du Conseil des Dix pour leur recommander Jacques Podocataro qui avait été autrefois au service du roi Jacques, son mari et qui avait reçu du roi la promesse d'une récompense, *una dote*. La reine prie le Conseil de dégager l'âme du feu roi de la charge de cette promesse.
Venise, 19 août 1501. Orig. Ital. Signature autographe de la reine.

4. Les préposés à la garde de la mère et des enfants du feu roi de Chypre, à Padoue, écrivent à Jean-Jacques, chancelier du Conseil des Dix, pour le prier de faire connaître au Conseil l'indiscrétion de la nouvelle demande faite récemment par les dits Chypriotes de linge et vêtements, *vesti et lingerie*, attendu qu'ils ont reçu un subside (*corredo*) spécial à cet effet, il y a à peine sept mois. — Du château de Padoue. 14 Octobre 1502. Orig. Ital.

1502. 30 Mai. Venise.

Le doge de Venise, Léonard Lorédano, à la suite d'une délibération arrêtée au Conseil des Dix et sur la plainte des enfants du roi de Chypre, autorise le capitaine de Padoue André Venier et ses successeurs à laisser sortir les princes deux ou trois fois par semaine au plus et sous bonne garde du château où ils sont détenus, à la condition qu'ils ne dépasseront pas les barrières de la ville et qu'ils coucheront tous les soirs au château. La présente décision dont il

---

1. Vol. 16. f° 154.

sera loisible au capitaine de Padoue d'user ou de ne pas user suivant les circonstances, devra rester secrète et ne sera pas enregistrée.

Venise. Collect. de M. Rawdon-Brown.

Lettre ducale orig. en parch. provenant des archives Tiépolo.

Legatis solus.

Leonardus Lauredanus, Dei gratia, dux Venetiarum etc. Nobilibus et sapientibus viris Andree Venerio de suo mandato capitaneo Padue et successoribus suis, fidelibus dilectis, salutem et dilectionis affectum.

Ne hano facto intender li fioli regij de Cypri existenti in quel nostro castello, che in executione de alcune lettere scripte al nobel homo Luca Zen, precessor vostro, cum el Conseglio di X. cum la zonta, non li lassate ussir fuora del dicto castello salvo una volta a la septimana; aggravandosi che tal loro inconsueta strictura, essendo soliti ussir ad beneplacito de i capitanei de Padoa. Unde nui, laudando prima che non ve habiate partido da li commandamenti nostri et del dicto nostro conseglio, habuta consyderatione a la qualità et etade de li fioli regii predicti, hanno parso conveniente cosa satisfarli in darli piui largeza de ussire de dicto castello. Et cussi cum el dicto nostro Conseglio di X. cum la zonta, habiamo deliberato remetter et cussi per tenor de le presente remettemo in libertà et arbitrio vostro de lassar ussir quelli del dicto castello fina do, over tre, volte a la septimana cum la loro deputata custodia, non ussendo quelli fuora de la città per alcun modo, como non possono ussir, ne dormando fuora de dicto castello. Questa veramente limitatione de do over tre zorni a la septimana, tenerete apresso de vui secretissima, et solum farete intender a quelli, come anchor nui habiamo dicto al nuncio suo, che habiano remessa questa cosa in tuto et per tuto in arbitrio vostro come loro rechiederano. Et poi vui, cum la consueta dexterità, in effeti exequirete dicta deliberatione de do over tre volte a la septimana come è predicto. Queste veramente non farete registrar, ma la consignarete al successor vostro, et su de successore in successore.

Data in nostro ducali palatio, die XXX. Maii. Indictione V^{ta} M. DII.

1502, 23 Octobre. Du château de Padoue.

Lettre d'Eugène et de Jean de Lusignan, fils du feu roi de Chypre, s'excusant auprès du Conseil des Dix d'avoir demandé des couvertures de soie. Cette réclamation n'était pas faite dans l'intérêt de leur propre personne, mais bien pour honorer le Conseil; si elle a paru déplacée, ils en demandent pardon, et prient le Conseil de leur accorder de simples couvertures de toile ou de bure.

Venise. Conseil des Dix. Doc. détachés Orig. papier. (Liasse n° 1).

Jesus. Magnifici et excelentissimi signori, cum ogni debite reverencie humelmente a i piedi de le excelentissime signorie vostre arecommandandone. Cum sit che havendo nui inteso dal meso mandato da le signorie vostre come quele ha suspeso le robe le qual le signorie vostre ne ha concese, et questo per haver rechiesto coltre over coverte de seda; per la qual cossa, signori excellentissimi, nui non le havemo rechieste per honorar le persone nostre, ma solum per honorar le signorie vostre, perchè de continuo semo con zintilomini; ma se ha le signorie vostre non he de contento de darne coltre de seda quele ne dagi de tella; et si de tella non basta quele ne dagi de griso, purchè a le signorie vostre sia a grato, perchè a nui sarà de sumo contento. Et si eciam la dimanda nostra non sia stata licita, suplichemo de gratia a le signorie vostre se degnino perdonarne. Ale qual sempre, come humili devoti et fidel servi, humelmente ai piedi de le excelentissime signorie vostre arecommandandone. In castello de Padoa, 1502, a di 23 Ottubris.

Dominacionum vestrarum,
  humiles servi, Eugenius et Joanes,
    condam domini Zachi regis Cypri [1].

1502, 24 Octobre. Du château de Padoue.

Lettre secrète de Louis de Candie, l'un des gardiens des enfants du feu roi de Chypre, dénonçant au Conseil des Dix les relations suspectes que paraît avoir son compagnon Marc Marchesin avec les princes, et les désordres de la vie de ces enfants.

Venise. Conseil des Dix. Doc. détachés. Orig. papier. (Liasse n° 1).

Laus Deo. 1502. A di 24 Hotubris. In chastel de Padoa.

---

1. Au dos : « Magnificis et clarissimis dominis dominis capitibus excellentissimi Consilii Decem, dominis suis colendissimis. »

Segnori excellentissimi. In questi zorni pasadi, per questi fioli del quondam re de Zipri, el fo mando uno di nostri compagni davanti le S. V. per domandar zerte robe; e za fa mexi 3[1] loro ave da i prezesori de quele ziponi, chalze, e chamisce, e mantili e dovaie, e veste 2 de scharlato, con le sue fodre de dosi e de varo, le qual non è sta ma taiade, e chredo le sia in pegno al Zudis. E per che vedi che lora desipa e buta via, tra ste sue femine e deltri, me a parso dar notizia a le S. V. per far el debito e l'ofizio mio, chome son hobligado; et ben che chredo che el mio compagno che zal presente è vegnudo de li, darà notizia del tuto a le prefate. S. V. E si per chaxo lui non fese el debito suo de arechordar a quele, suplicho de grazia, a le S. V., li sia da sagramento, el dieba dir la verità del portemento e chondizion de questi fioli, e chi e chaxon de questo suo mal portamento; e simelmente del nostro chastelan che i ano mexi in puiasa, in ele vie, per la gran conversazion e pratiche che i ano abudo, di e note de compagnia. Per el simel, uno di nostri sompagni, chiamato Marcho Marchexin, el qual è suo sachretario, e molte volte è sta represo da mi, di muodi che el tien con questi fioli; e perhò, non reste de el conversar e parlar sachreto con loro, per che dui fioli el sovien e mantien; e si i non fose loro el faria mal, e questo per el suo mal governo, che son in lui. E holtre el saminar de questo mio compagno, peaxando a le S. V., suplicho a quele, si degnano schriver a questi magnifici retori, commandando che tuti nui vardiani siemo examinadi, per nostro sagramento, siando tuti nui insieme davanti diti retori, hover separadi, a do a do, ezetuando dito Marcho Marchesin, el qual è sospecto; e che tuti, per suo sagramento, digano la verità di muodi e condizion de questi fioli, azò le S. V. intendano el tuto, a le qual sempre umelmente me recommando. Item, suplicho de grazia a prefate S. V. che el schriver mio sia sachreto, si dal mio compagno che son de li, chome eziam de altri, per no vegnir in parole.

Servidor de le S. V. Eluixe, fo de ser Matio, de Chandia, deputado a la chustodia de la madre e fioli del condam re de Zipri[2].

---

1. On peut lire également : 7.
2. Au dos : « Magnificis et excellentissimis D. Dominis Capitibus excelsi con-
« silii X. »

1504-1506.

Documents originaux et détachés provenant des Archives du Conseil des Dix, récemment réunis par M. Th. Gar. (Liasse n° 1).

1. Lettre d'Eugène et de Jean de Lusignan aux chefs du Conseil des Dix, se plaignant d'être misérablement traités par leurs gardiens et priant le Conseil de leur accorder quelques subsides pour racheter les vêtements qu'ils ont été réduits à mettre en gage chez des Juifs. — Du château de Padoue, 4 janvier 1503. (V. S.). Orig. Ital. Signatures autog.

2. Paul Trévisani, capitaine de Padoue, écrit aux chefs du Conseil des Dix que les fils du défunt roi de Chypre demandent à pouvoir disposer de quelques pièces (*stanze*) inoccupées du château de Padoue dans lequel ils sont détenus, attendu qu'ils veulent vivre désormais séparément à cause des mésintelligences (*dissapori*) survenues entre les femmes qu'ils avaient auprès d'eux. — Padoue, 7 mars 1504. Orig.

3. Les gardiens des fils du feu roi de Chypre demandent une augmentation de gages aux chefs du Conseil des Dix, en faisant observer qu'ils n'ont qu'un salaire de quatre ducats par mois[1]. — Du château de Padoue, 8 mars 1504. Orig.

4. Paul Trévisani, capitaine de Padoue, annonce aux chefs du Conseil des Dix le mariage clandestin du plus jeune des fils du feu roi de Chypre. — Padoue, 20 mai 1504. Orig.

5. Paul Trévisani transmet aux chefs du Conseil des Dix une note (*polizza*) des fils du feu roi de Chypre qui réclament différentes choses dont ils ont besoin pour leurs vêtements et leur nourriture, *varie cose di vitto e vestito*. — Padoue, 11 septembre 1504. Orig.

6. Lettre d'Eugène et de Jean, fils du feu roi de Chypre, aux chefs du Conseil des Dix, les priant d'approuver, après examen des lieux, la dépense faite par eux pour la restauration d'une chambre (*stanza*) au château de Padoue. — Du château de Padoue, 15 mai 1506. Orig.

1509, 26 septembre. De Nicosie.

Laurent Giustiniani, lieutenant de Chypre, écrit aux chefs du Conseil des Dix que conformément aux ordres du Conseil, les revenus des villages concédés aux fils du feu roi de Chypre ont été mis sous le séquestre et expédiés à Venise.

Venise, Conseil des Dix.
Documents originaux et détachés. (Liasse n° 1).

---

1. Sanudo dit cependant dès 1500 que leurs gages étaient de 8 ducats par mois. Voy. ci-dessus les extraits des *Diarii*. Ann. 1500.

Excellentissimi Domini observandissimi. Per le ultime mie che funo de X del instante, per via de Rhodi, scrissi a li excellentie vestre quanto fin quel hora era sucesso in la materia de le biave da esser per nui expedite in exeqution de li mandati de quello excellentissimo conseio. Da poi veramente recevessemo 3 sue lettere, videlicet, una replicata de 23 Zugno in la materia del sequestro del'intrate deli casali concessi ali fioli del quondam serenissimo re Zacho; el qual sequestro fu da nui expedito per el recever de la prima lettera, et facto vegnir a nui lo appaltador de quelli per intender el pagamento del suo appalto, ne affermò per sacramento haverli remesso per le nave de la muta passata per ser Zuan Filippo fio Nicolosi, certa summa de danari, per la qual restava fin qui piu presto creditor che debitor, si come per la sua deposition apar, havendoli facto comandamento de cetero non dover exborsar alcuna cosa senza saputa nostra, el zudegando per le ocurentie presente tal remessa non dover esser anchora sta pagata, le excellentie vostre potranno de li intender el tutto dalli dicti Nicolosi[1].

Nicosiæ, die XXVI. Septembris. M. D. VIII. Laurentius Justinianus, locumtenens Cypri[2].

1517, 25 Avril. De Rome.

Marc Minio écrit au Conseil des Dix que l'archevêque de Nicosie, alors à Rome, est venu le prévenir qu'il refusait de recevoir chez lui et de garder désormais comme son vicaire un certain frère dominicain, retenu quelque temps à Venise par ordre du Conseil et récemment venu à Rome, où il était allé demeurer chez Jean de Lusignan, fils du feu roi.

Venise. Collect. de M. Rawdon. Brown.
Reg. orig. des dépêches de l'ambassade de Marc Minio. Dép. n° 46[3].

L'altra sera, el rever. archiepiscopo di Nicosia[4] me mandò ad far intender come l'era venuto de qui el suo vicario soleva tener in Cipro, il qual era andato ad allozar cum uno delli fioli fù del quondam re Zacco, nominato Janus, qual si attrova de

---

1. La suite de la dépêche est étrangère aux affaires de Chypre.
2. Au dos : « Excellentissimis D. Dominis capitibus excelsi Consilii X observandissimis. »
3. Les dépêches de Marc Minio manquent aux Archives de Venise et ne se trouvent que dans la collection de M. Rawdon Brown.
4. Peut-être l'archevêque Aldobrandi.

qui; et che lui non era per torlo in casa, se prima non me lo
faceva intender; et che io li dovesse dir quello el dovea far. Io,
che non sapeva chi fusse ditto suo vicario, alhora non li volsi
far altra resposta salvo che volentiera faria con sua signoria.
El giorno sequente, volse venir a casa a retrovarmi, et parlò
mi in un altra forma, dicendo che questo suo vicario, era uno
frate Domenicano dil ordine di Predicatori, il qual lui havea usato
suffraganeo nel suo archiepiscopato in Cipri; et per vostra
serenità era sta retenuto molti mesi a Venetia; et licentiato, era
venuto de qui, et non haveva voluto venir ad allozar in casa
sua, ne andar allozar alla Minerva, monasterio dil suo ordine
dove più commodamente poteva allozar, ma era andato a casa
del detto Janus, et che perho sua signoria essendo bon servitore
di vostra serenità non era per receverlo più in casa, ne voleva
l'havesser ad far l'officio del vicariato; danando grandemente
ditto frate. Laudai la opinione de sua signoria, et così quella
exhortai dovesse far promettendoli scriver questa sua buona
mente a vostra celsitudine. Et di questo mi è parso conveniente
dar notitia alla sublimità vostra, accio quella, cum la sua
sapientia, ordeni quanto li piace. Gratiæ Serenitatis vestræ,
etc.

Die 25 Aprilis 1517 [1], per Joannem Vilanum, cursorem, cui
dati fuerunt ducati 25.

1518, 28 Mai. Des environs de Londres.

Extrait d'une dépêche de Marc Minio, ambassadeur de la République
de Venise, adressée au Conseil des Dix. Minio annonce l'arrivée à
Londres d'un personnage nommé Jean de Lusignan, que l'on consi-
dère comme l'un des fils naturels du feu roi Jacques le Batard
enfuis de Venise, mais qui serait plutôt le fils légitime d'un frère
du feu roi.

Venise. Collect. Rawdon-Brown.
Reg. originaux des dépêches de Minio.

De qui par esser venuto certo che se dimanda fiol del quondam
re de Cypro. Io existimava fussi uno de li dui fioli del quondam
re Zacho, che se absentorono de li; tamen per el secretario mio
mi è stato referito haverlo visto e non esser alcuno de loro,

---

[1]. Il est possible que cette pièce soit de 1518, si Minio conservait à Rome
l'usage vénitien.

ma esser li sta referito questo denominarsi Zuan de Lusignan, fiol legiptimo de uno fratello[1] del quondam re Zacho. Costui per questo intendo è sta alla corte, ma si come posso comprender è sta poco existimato, imperoche el va cercando danari et favori particulare. Ho inteso chel ditto me die venir atrovar, sel venirà, li faro bona ciera et trazerò da lui chel che porrò. La signoria vostra sara advisata.

1518, 30 Juillet. De Rome.

Marc Minio écrit au Conseil des Dix qu'un certain Agostino del Sol, banni de Venise, est récemment arrivé à Rome; qu'il est parvenu à s'insinuer dans la confiance de Jean de Lusignan, l'un des fils du feu roi de Chypre, enfuis depuis peu de Venise; qu'il a appris ainsi qu'Eugène de Lusignan, son frère, résidant à Vienne, auprès de l'empereur, espérait voir se conclure prochainement une alliance entre l'Empire, l'Espagne et l'Angleterre, et qu'à la faveur de cette ligue, il comptait pouvoir aller en Chypre. Agostino del Sol offre à la Seigneurie, sous certaines conditions, de se rendre en Allemagne pour empoisonner Eugène de Lusignan.

Venise. Collect. Rawdon Brown. Reg. originaux des dépêches de Minio. Dép. n° 218.

Excellentissimi Domini,

E venuto de qui in Roma, Augustino dal Sol, el qual è sta bandito, secundo lui dice, per anni sei de Venetia, et si ha molto intrinseccato cum D. Janus, che è uno de quelli Cipri[2] che fugite da Venetia; in tanto che, el dicto li communica molti advisi che lui ha da suo fratello D. Genus, qual è apresso la Cesarea maestà, li quali perho sonno secundo li desiderii suoi che tendeno sempre a discordie. Et ultimamente li ha ditto haver receputo lettere dal dicto suo fratello che li advisa ch'el è vero che al presente seguirano le treugue tra la Cesarea maestà et vostra serenità; ma, che per certo è per seguir una confederatione tra lo Imperator, Catholico et Angeltera; si chè lui spera un altro anno haver alchune galee dalla Catholica maestà e andar in Cypri, dove ch'el ha optima intelligentia, si chè el spera havera sua intentione.

Tutte queste cose mi ha fatto intender dicto Augustino, dicen-

[1]. On ne sait rien d'un frère qu'aurait eu Jacques le Batard.
[2]. *Sic.*

domi, che quando fusse in piacer di vostra serenità, lui anderia in Allemagna, et cum il favor del dicto Janus saria accettato in casa del fratello; dimostrando andar delli come disperato nel caso seguito della sua persona ; si chè li basta l'animo di attosicarlo certamente; ma ben voria da poi essere recognosciuto da quella, cum la sua restitutione dal bando, et provisione conveniente alla sua operatione; che vostra serenità tegni per certissimo ch'el farà tanto, quanto el ge promette. Desidera etiam de non esser molestato da suo creditori sopra l'officio lui comprò secundo le parte prese per vostra sublimità in tal materia. Io ho voluto significar quanto lui me ha ditto a vostra sublimità. Quella delibererà quanto alla summa sapientia sara in piacer. Gratiæ Serenitatis vestræ, etc.

Roma, die penultima Julii, 1518.

1518, 28 Août. De Rome.

Marc Minio, confirmant la dépêche précédente, écrit au Conseil des Dix que, d'après les rapports d'Agostino del Sol, Jean de Lusignan espère toujours pouvoir se rendre en Chypre avec les forces du roi catholique, et qu'il compte recevoir prochainement d'Allemagne des lettres de son frère relatives à toutes ces affaires, lettres qui lui seront extrêmement agréables. Minio ajoute que l'archevêque de Nicosie, qui demande l'autorisation de retourner au Levant, avait entendu dire chez le Cardinal Colonna que d'assez nombreuses troupes d'infanterie devaient être prochainement embarquées sur la flotte du roi catholique pour agir contre la Seigneurie de Venise.

Venise. Coll. Rawdon Brown. Dépêches de Minio, n° 228. Chiffrée.

Anchora ad quello ch'io narrerò alle excellentie vostre non presti molta fede, tamen non ho voluto restar de darli notitia de quanto alla giornata mi è pervenuto alle orechie.

In questi giorni passati [1] li scrissi come Augustin dal Sol, el qual era venuto qui in Roma, et havea molto intrensicato cum quel Janus, ciprio, che già erano nel castel de Padoa; et ogni zorno mi referisse del animo che el dicto ha, cum le force del re Catholico, di andar in Cypri; et ultimamente mi ha ditto che rasonando cum lui li ha fatto intender che presto l'haverà lettere da suo fratello in Alemagna; el qual li farà intender cose che li sarà de summo piacer. Et questa sera è venuto da me lo

---

1. Ceci se réfère à la dépêche précédente n° 218, du 30 juillet 1518.

archiepiscopo de Nicosia[1], per tor licentia, perchè vol ritornar in Levante, et mi ha fatto intender, che essendo cum il eminentissimo cardinal Collona, fu ditto per uno che era li, qual lui non cognosce, come sopra l'armata del re Catholico venivano posti molti fanti; et che erano per andar a danni de vostra celsitudine; et che il resto del parlar, non potè intender. El dicto archiepiscopo, tutto el tempo è stato de qui ha allogiato in casa del dicto Cardinal.

Considerando le parole mi ha ditto Augustin dal Sol, et quelle ditteme per el dicto archiepiscopo, el qual mi ha pregato vogli recomandarlo a vostra celsitudine, mi ha parso mio debito, così come le ho intese, significarle alla celsitudine vostra; et quella, cum la sua sapientia le ponerà in quel construtto si deverà. Cujus gratiæ, etc.

Romæ, die 28 Augusti 1518. Per Johannem Antonium Tagiagolam, cursorem. Et dati ducati 12.

1520, Janvier. A Rome.

Pension accordée par le Pape aux enfants du feu roi de Chypre.

Dilectis filiis Andree Belanti et sociis pecuniarum aluminum Sancte Cruciate depositariis. Sub indignationis nostre pena mandamus quatenus de dictis pecuniis solvatis illustribus dominis Eugenio et Iohanni, filiis regis Cipri, ducatos septuaginta de bononenis 72 pro ducato, videlicet provisionem ordinariam per nos eis dari solitam, etc.

Datum Rome apud Sanctum Petrum, die... (sic) Januarii M. D. XX.

Documents copiés aux Archives du Vatican et publiés par M. Amati, *Archivio stor. italiano.* 3ᵉ série, t. III, part. I, 1866. p. 233.

1523, 5 Octobre.

Extrait de la Relation de François Massario[2], secrétaire d'ambassade de la République de Venise en Hongrie, concernant Eugène, fils du feu roi de Chypre.

Reg. contemporain et considéré comme autographe des dépêches de Massario. Coll. de M. Rawdon Brown, à Venise.

1. Voy. la dépêche du 25 avril 1517.
2. Le commentateur de Pline.

Ben è vero che essendo io a Vienna, el signor Eugenio, che fu del quondam serenissimo re de Cypro, mi disse che l'era lettere de Hungaria nella corte del serenissimo Ferdinando come Turchi haveano iterum corso a quelli confini; che haveano depredato et brusato vile et inferiti de notabeli danni. Il qual signor Eugenio me disse ancora et jurò che se l'era posta la parte secundo che voleano li excelsissimi D. Luca Trun et D. Marco Antonio Loredan, i non fugivano [1] mai da Venetia.

---

1. *I non fugivano*, Eugène parle donc en son nom et au nom de son frère Jean, qui résidait peut-être encore à Rome.

III.

DOCUMENTS DIVERS.

I

1286-1302.

Extraits et fin de la chronique inédite de Romanie, de Marin Sanudo le Vieux.

Venise. Biblioth. St-Marc. Mss. class. VII, n° 712. Part. 4.; Ms. de Paris, fol. 121-133. *Istoria di Romania composta per Marin Sanudo detto Torsello, e divisa in quatro parti, da lui composta in latino, ma quivi tradotta* [1].

Indi perse re Carlo la signoria d'Acri, che li tolse Enrico re di Cipri [2], per cui mantenne quella signoria messer Otto de

---

1. J'espère que ces extraits d'une œuvre encore peu connue de l'auteur du *Secreta fidelium crucis* suffiront à montrer que c'est bien là une rédaction personnelle et originale et non point, comme le pensent quelques érudits, une répétition de la *chronique de Morée*, publiée par M. Buchon. Partout, dans son récit, Sanudo parle de personnages qu'il a vus et connus soit en Italie soit en Orient, où il résida longtemps. Au reste, l'œuvre entière de Sanudo pourra être prochainement appréciée par l'édition qu'en prépare à Kœnigsberg, M. Charles Hopf, sur le ms. de Venise. Mais il faut remarquer que nous n'avons dans ce ms. qu'une traduction italienne de l'Histoire que Sanudo composa en latin comme ses autres écrits.
2. Cf. *Hist. de Chypre*, t. I, p. 479.

Pillicino; il qual si dicea ch'era nipote de papa Martino, il qual io ho conosciuto e veduto in Acri, uomo di bella e grande statura, e di mani bellissime e longhe, e massime le ditta, di cui era moglie madama d'Arzuffo [1], come si diceva; che avea un fiol, che ho veduto piu fiate in Acri passar per el nostro campo e per la nostra ruga[2], con una bella compagnia; e sopra tuto avea una bellissima stalla e numerosa di cavalli che venivano beverar alla spiaza d'Acri.....

Il pontefice li rispose non volerlo dar. Re Jacobo [3] allora, con parte de suoi cavallieri e altra gente e sue gallee, si parti di Sicilia e andò a Roma, ove era la corte, e fu a parlamento con il pontefice. Il pontefice tra le altre cose li disse che l'avea raso senza bagnarlo, come mi disse messer Rizzardo da Spina, diacono cardinale di S. Eustachio, signor e padron mio. Ne senza causa li disse queste parole, perchè l'armata costava al pontefice ogni giorno mille et ducento onze d'oro; ed era statto detto re Jacobo in quel viaggio e spedigione circa un anno e mezzo, ne so di quanto tempo però sia sta pagato. Et havuta questa negativa, se ne tornò in Cattalogna. Et il signor Ruberto [4], suo cognato, allora duca di Calabria, rimase in Sicilia, con tutte le genti e gallee che li venne da Napoli; il qual corse tutta l'isola..... L'anno seguente, Carlo [5] armò 120 gallee; e Carlo, conte di Valois, suo genero, venne di Franza a petitione e stipendio del pontefice, con 2^m cavallieri, a Napoli; e montò in gallea con 3^m cavallieri e 20^m pedoni di Calabria e del regno del detto re Carlo, e passò in Sicilia e prese terra in un loco detto Termini, e indi smontato obsidiò una terra grossa detta Sarcha; in laqual obsidione stette 4 mesi, e perse la mità della gente sua per infirmità. Alla fine, re Carlo detto dimandò pace al re Federico; e fu firmata tra loro, e fu concesso ad esso Carlo di Valois tornar a Napoli, o per mar o per terra, come li piacesse [6].

---

1. Eudes de Poilechien avait donc épousé la *veuve* (Lucie de Gauvain) et non la *sœur*, comme je l'ai dit (*Hist.*, t. I, p. 462) de Balian Ier d'Ibelin, sire d'Arsur, mort en 1277.
2. La place et la rue de la nation Vénitienne à St-Jean-d'Acre.
3. Jacques II d'Aragon.
4. Robert d'Anjou, mari d'Yolande d'Aragon.
5. Charles II d'Anjou.
6. Traité de Caltabellota, du 31 août 1302.

II.

1294. Au mois d'Octobre.

Jean, fils de Jean de Brienne, ancien roi de Jérusalem, fonde des services anniversaires pour son père, sa mère et pour lui-même, en l'église de Saint-Paul, à Paris.

Paris. Archiv. nation. S. 3743, n° 5. Beau sceau de Jean de Brienne.

A touz ceus qui ces lettres verront et orront, nous, Jehan, fiuz le roy Jehan de Jherusalem, bouteillier de France, salut en nostre Seigneur. Nous faison à savoir que nous, à l'enneur de Dieu, et à l'accroissement de son saint servise, et pour le proufit des ames de nostre pere, le roy Jehan de Jherusalem et empereur de Costantinoble desusdit, et de madame Berangiere, sa famme, jadis nostre mere, et de nous, avon donné et donnon au curé de l'eglise de saint Pol de Paris, de la quele nous sommes paroissian, à l'accroissement des rentes apartenanz au presbitaire, tout le droit, la seignourie, l'action, la possession et la raison, enterinnement, à touz jourz, que nous avon et qui à nous apartient en une piece de terre, que nou avon achetee, seant dehors Paris, desus les fossez le roy, derreres les Barrez, entre une piece de terre qui est au presbitaire desusdit, et la terre Pierre de Veres, contenant arpent et demi, et demi quartier ou environ, en la censive au chamberier de France; en tele maniere que li curéz de la dite eglise, qui ores est et tuit si successeur sont tenu à chanter, chascun an, perpetuelment, en la dite eglise de Saint Pol, trois anniversaires sollempnelment. C'est à savoir : l'anniversaire du dit nostre pere, ou mois de Marz, le jour de feste saint Benoist [1]; et le secont anniversaire, pour la dite nostre mere, le douziesme jour du mois d'Avril; et le tierz anniversaire pour nous, enpres nostre deces, c'est à savoir : vespres, vegiles et messes sollempnellement. Et sont encore tenu le dit curé et ses successeurs à chanter chascun an sollempnelment une messe de la Trinité pour nous, à la quinzainne de la Trinité, tant comme nous vivrons. Et prometon, en bonne foi, que contre le don desusdit ne vendron, par nous ne par autre, à nul jour. En tesmoing de la quele chose, nous meismes nostre seel en ces lectres. L'an de grace mil CC. quatrevinz et quatorze, ou mois de Octovre.

---

1. Nous avons ici la vraie date de la mort du roi Jean de Brienne : 21 mars et non 23 mars (1237).

III

Vers 1298.

Mémoire adressé au gouvernement de Venise par Marc Micheli sur les difficultés qu'il éprouve à obtenir justice du roi de Chypre, en raison du pillage dans les eaux et sur le territoire de Chypre par un corsaire génois d'une cargaison de marchandises achetées en Arménie[1]. En dialecte vénitien.

> Romanin, *Storia di Venezia*, t. III, p. 400. Complété sur l'original aux Arch. de Venise. *Commemoriali*, I, fol. 85, verso.

Questo si è lo dano ce e[2], Marco Michel, lo Tataro, è recevuto in Zepro, et per che forma.

In lo mese de Setembrio, die II° intrando, correndo anno Domini M. CC. LXXXX. VIII, eo, Marco Michel, si era in Famagosta, et spetava una gamela, in la qual io, Marco, si aveva cargado sachi XVIII. de coton d'Alapo, e sporte VI. de zenzevro beledi, in Laiaza[3]; e aspetando sta dita gamela, Nicolo Zugno si me fe asaver ce una galia armada de Zenoesi lo qual si era armador Franceschin de li Grimaldi, lo qual se rio homo e torave la roba ad amisi e a nimisi, si era a Limisa[4], si era per venir inver Famagosta.

Eo de presente si ande dal castelan de Famagosta, lo qual a nomea ser Guuelmo de Mirabello[5]; et si li[6] demande parola d'armar uno panfilo per mandar in contra la dita gamela per darli a saver de sta dita galia de su, en ogna parte de l'isola de Zipro, che sta gamela se atrovase cola de presente, descargase in tera questi diti sachi XVIII. de coton e sporte VI. de zenzevre. Lo dito castelan si me de parola armar lo panfilo; etiamdio si me de una letera che le mandava a lo beliou del cavo de Sento Andrea[7], lo qual anomea ser Zervasis, recomandandoli ste me cose se ocorese che questa mia gamela desgargase le dite me cose en tera.

---

1. Les pirates Génois infestaient alors les côtes de Chypre. On reprocha au roi Henri la faiblesse ou la longanimité qu'il témoigna plusieurs fois à leur égard. *Assises de Jérus*, t. II, p. 363, 368.
2. *Ce e*, pour *che e* ou *que e*, que Moi, Marc Michel.
3. Lajazzo, en Arménie.
4. Limassol ou Limisso, en Chypre.
5. Mirabel était une famille française de Terre-Sainte réfugiée en Chypre.
6. Romanin : *sibi*.
7. Au bailli du Cap St-André, promontoire oriental de l'île.

Mande lo dito panfilo al paron de la dita gamela, le qual anomea Arigo de Braze, paisan [1], e mande li una letera in la qual se conten eo dise lo scrito de su. Lo dito panfilo armado anda, e si trova la dita gamela in mar sovra lo Pistachi [2], e de li la mia letera. Lo dito paron de presente si fe segondo eo se contegnia in la letera cheo li mandava per lo dito panfilo, et si anda al cavo de lo Pistachi e si descarga lo mio goton [3] in tera, sachi XVIII. et le VI. sporte de zenzevre; le V. si mese infra tera a se, la sesta sporta si mete in lo panfilo armado e si me la manda a Famagosta. Et mandame a dir come lo avea descargado in tera tute le me cose, salvo sta dita sporta; e cheo venise al cavo dito del Pistachi per far condur le me cose a Famagosta, e che la galia de Franceschin de li Grimaldi si vene al Pistachi, e vete si che sta gamela, c'avea descargado in tera del re, e no li dise ninte, ed era partida e mesa in mar [4].

L'altro di sequente, si andava per far dur ste mie cose a Famagosta, in la via si trove mi Nicola de Anifini, venezian; lo qual me dise che la dita galia de Franceschisi de li Grimaldi si anda in mar e prese molte gamele de ogna zente d'amisi e de nimisi; e poi si torna al cavo del Pistachi, la che le me cose era infra tera; e si desese in tera a man armada per tor per forza le me cose. El belio del cavo de Sancto Andrea si era la, da ste me cose esser defese da parte de miser lo re al dito Franceschin de li Grimaldi, ce no robase su la tera del re. No varda azo, ma fuile [5] li me XVIII. sachi de goton e sporte V. de zenzevro chera infra tera, e per forzo si le mese in la soa galia. Molto me dolse sta novela; e si ande al re, a Nicosia, e feli ma pitizion, come si era robado su soa tera, et per che modo.

---

1. Romanin : *pisan.*
2. A la hauteur de Pistaki. Plus loin, Marc Micheli dit que son coton et une partie de son épicerie furent déchargés en un lieu qu'il nomme *al cavo de lo Pistachi*. Bien que la juridiction du bailli du Cap St André ou du Karpas, magistrat qui intervint dans les affaires de Micheli, pût s'étendre sur la plaine de la Messorée dans laquelle est situé Pistaki, (*le Pistac*, fief des Giblet, au N. O. des Caps Pyla et de la Grée), il est bien difficile d'admettre qu'il s'agisse ici de cette localité. Il devait y avoir un autre Pistaki, plus voisin de la mer, et dans le Karpas même.
3. Romanin : *la mia zente.*
4. La suite manque dans Romanin, jusqu'aux mots : *Aspetando a Nicosia.* Pag. 44.
5. Lecture douteuse.

Cosi me fe risponder miser lo re, per ser Tomas da La Blanza Guarda [1], che lo re no senpazava da Zenoesi a Venedesi. Eo li resposi : « miser, de quello chio sim robado su soa tera che dise miser lo re? » Lo dise guando sera so tempo e so logo, miser lo re l'aricordera ali Zenoesi. Altra rason non ne putti aver. Tornado indredo da Nicosia, cum la responsion ce me avea fato far miser lo re, segondo eo se conten de qua en sto scrito, in la via vignando a Famagosta, si trove un corer, le qual a nome de Pantalon Scortegacan. Si me viniva, e diriseme una letera, la qual se conteniva eo miser Lanzaroto [2], armirario de miser lo re de Zipro, si era vegnudo da Constantinopoli, con galee del re; e sovra Famagosta, si trova Francescin de li Grimaldi, c'avea robado e preso zente e aver a se e de li caza, e si l'avea piiado e le nostre cose, ce lo dito Franceschin de li Grimaldi avea preso sula tera del re, si era in Famagosta, in vardia de la segnoria, e cheo me tornase a miser lo re, che me fese dar lo mio coton e zenzevro, c'era recovrado per l'armiraio del re, che de presente me le faria dar.

De presente, si torne a Nicosia, e fi una peticion a miser lo re co le me cose de sovra dite ch'era robade su soa tera era recovrade per lo so armiraio, e si era in Famagosta, i magazeni, per miser lo re; e miser lo re mandase a dir a Famagosta a li soi officiali che a mi fese dar quele. A questa peticion, e a plusor altre peticion, no puti aver responsion da miser lo re de Zipro.

Aspetando a Nicosia responsion da miser lo re, eo se cazi in malatia gravissima. Da poi la mia varison, si me fo dito che per miser lo re si avea fato vinir Franceschin de li Grimaldi soto bona varda, com omo corser, a Nicosia, e la si fo retegnudo plusor di; e ala fin si lo delibera; e tuto lo mio banbasio e zenzevro li avea fato render. Ancora a miser lo re si li fi peticion, che le me fese render le me dite mercadantie che era a Famagosta per la via[3] dita de su, mostrando ch'eo no savea che l'avese rendudo le me cose a Franceschin de li Grimaldi; no me dava responsion alguna; salvo che proximando ale feste de Nadal, ser Tomas de la Blanza Guarda me dise : ala festa de sen Nicolo lo re anderia a Famagosta, e ch'eo fose la, ch'elo me faria quelo che fose de mio dreto e de mia rason.

1. Thomas de la Blanche-Garde était peut-être chambellan du Roi.
2. Il était jusqu'ici inconnu.
3. Au ms. *mia*. M. Romanin corrige avec raison : *via*.

Fu a Famagosta, a la dita festa, molto ande dredo lo re, mai da lui responsion no puti aver, digando che lo re me respondese se le me volea dar le me mercadancie ch'era stade recovrade per lo so armiraio da Franceschin de li Grimaldi, zenoese, le qual el dito Franceschin m'avea robado sula tera del re ; ne valse niente, che zamai no me volse responder. Dredo sto fato, ande ben mesi VI [1].

Questo si è lo valor de li me sachi XVIII. de coton, zo che li me costa in prima compra.

Si compre in Laiaza sachi XVIII. de coton d'Alapo, a rason de deremi novi XIII. lo rotolo de Laiaza. Pesa rotole CCCC.LXXXVI. Summa, deremi VI^m. CCC.XXIII.

- Item, compre in Laiaza zenzevro beledi, a rason de deremi XXVI. lo rotolo, fo sporte VI. Pesa nete le V. sporte ce me fo robade, rotule da Laiaza CLXXX. uncie VIIII. Summa, deremi IIII^m. VII^c, novi.

Summa, tuto sto bombasio e zenzevro, deremi XI^m. XXIIII, in prima compra, trato de Laiazo.

Summa, bezanti sarasinati M. C. II. a deremi X. al sarasinato.

Tuti questi bezanti si e de ser Polo Morosini, e de mi Marco Michel, a ensembre de compagnia.

In lo tempo c'anda miser Ugolin Zustignan a miser lo re de Zipro, lo dito miser Ugolin si ave sti fati in comision, e guando elo fe la soa ambaseada avanti miser lo re de Zipro, e lo dise sti nostri fati a miser lo re, e per lo dito re si li fo resposo ce sti nostri fati si li era novo, ma si come sti fati a miser Balduin de Picigni [2], che lo cerchase co sto fato era stado. Miser Ugolin se parti in questo mezo, no abiando ser Balduin de Pizegni ancora cerchado lo fato ser Polo Moresini, lo qual si a parte de sto fato si era en Cipro si procura che miser Balduin zercase sti fati; miser Balduin si li cercha e dise a ser Polo Moresini ce se lo re lo demandase de sti fati chelo li diria quelo chelo deverava [3]. Lo re no demandava lo dito miser Balduin de sti fati, per li signor de la corte del re ce siia ser Polo Moresini che lo fese una peticion de sto fato al re, e desela a un frar menor che se peninticial

---

1. M. Romanin ne donne pas la suite.
2. Baudouin de Picquigny, qui semble agir ici comme grand bailli de la Secrète.
3. A l'original : *dereavava*.

de miser lo re, che li la dese lo dito frar; si li la de la pitizion. Miser lo re respose a ser Polo chelo nol volea far responsion a lui, ma fariala a che lo deverave.

Ancora se troverà scrito in la doana de Famagosta co sti me XVIII. sachi de coton e sporte V. de zenzevro, fo mese in magazeni de la signoria, e co ste me merze fo rendude a Franceschin de li Grimaldi, corser, e se zo se la veritate; se le me fose rendude ste me cose, la doana m'averia fato pagar lo dreto.

IV.

1302, 2 juin. A Venise.

Le Sénat de Venise décide qu'un ambassadeur sera envoyé en Chypre pour rappeler au roi Henri II que la nation vénitienne jouissait de possessions et de priviléges dans l'île dès le temps des Grecs et avant l'établissement des Latins, que les rois ses prédécesseurs ont promis en diverses circonstances le rétablissement de ces avantages aux envoyés de la république, et que la Seigneurie attend de lui la concession définitive de ces franchises et possessions pour tous les sujets et protégés vénitiens [1].

Venise. Archiv. génér. *Senato. Misti.* Reg. 1, fol. 156.
Seul registre existant et depuis peu retrouvé de la première série des Misti. Il est en papier de coton.

Die 11° Junii.

Capta. Quod committatur ambassatori ituro ad regem Cipri quod, facta salutatione ipsi domino regi, et dictis verbis amoris et amicicie que videbuntur dicenda, sicut et quantum ei videbitur, debeat eidem domino regi exponere quod, sicut credimus regie majestati fore notum, commune et homines Veneciarum, tempore Grecorum, habebant in insula Cipri possessiones, jurisdictiones et franchixiam, et specialiter in terris Nichoxie et Limixo; et adhuc esse publica vox et fama, et de hoc quod ita sit rei veritas esse probabile argumentum, quod tempore quo nobiles viri Petrus Dandulus et Lucas Barbani fuerunt ambaxiatores pro commune Veneciarum ad dominum Henricum, tunc regem Cipri, fuit eis per ipsum de jurisdictionibus et franchixiis communis et hominum Veneciarum in

---

[1] Le privilége, ou traité, conclu à Nicosie le 3 juin 1306 entre Amaury de Lusignan, prince de Tyr, gouverneur du royaume de Chypre, et la république, donna satisfaction aux Vénitiens. *Hist.*, t. II, p. 102.

insula Cipri facta satis larga oblacio, sed quia ipse dominus rex non habebat posse in suis manibus [1], ipse obtulit ipsis ambaxiatoribus non modicam quantitatem pecunie de sua camera regali. Et hec oblacio facta fuit nobili viro Marco Barbo, ambaxatori postmodum ad illustrem dominam reginam Placenciam [2], que tenebat pro filio suo bajulatum Cipri. Et istud idem oblatum fuit eidem Marco per bone memorie dominum Ugonem, patrem presentis regis Henrici.

Et ideo, ob jura et causas superius nominatas, mittimus fiducialiter ipsum ambaxiatorem ad ipsum dominum regem Henricum, requirendo eum ex parte nostra amicabiliter et rogando quatenus ei complaceat concedere quod nostri Veneti, et qui se affranchant pro Venetis [3], habeant liberam franchixiam per totam insulam Cipri, et quod nullus Venetorum, in tota terra dominioque regis suorumque baronum, nullam dationem, seu toloneum, in ingrediendo aut morando, vel egrediendo, per ullum ingenium, dare debeat, sed liber ubique in dominio regis suorumque baronum cum persona et rebus existat.

Et maxime quod Veneti et fideles nostri, in terris Nichoxie, Limixo et Famagoste, habeant ecclesias, rugam, platheam et lobiam, ubi morari possint.

Et si rex predicta non concederet, requiratur quod ei placeat ad minus concedere quod ipsi nostri Veneti possint pro suis denariis emere supradicta in dictis terris, ut supra.

Preterea, quod si aliquod placitum vel litigacionem Venetus erga Venetum habuerit, in curia Venetorum decidetur. Et etiam, si aliquis homo versus Venetum querelam aut litigacionem habuerit, in eadem curia Venetorum defferatur. Verum, si Venetus super quemlibet alium hominem quam Venetum clamorem fecerit, in curia regis emendetur.

Insuper, si Venetus ordinatus vel inordinatus obierit, res sue in potestatem Venetorum redeant.

Et si aliquis Venetorum naufragium passus fuerit, de rebus

---

1. Ces faits nous reportent aux années de la minorité d'Henri Ier de Lusignan, 1218-1233.
2. Plaisance d'Antioche, dernière femme de Henri Ier fut régente de Chypre au nom de son fils Hugues II de Lusignan, de 1253 à l'année 1261, dans laquelle elle mourut.
3. *Pro Venetis*. Voy. *Hist.*, t. II, p. 51, 104.

suis nullum patiatur damnum, sed si in ipso naufragio mortuus fuerit, heredibus suis aut Venetis res sue remaneant.

Et quod si contingeret per ea que superius requiruntur quod rex peteret aliquid nostris Venetis, promittat ei quod commune et homines Veneciarum erunt amici et in amore cum ipso, et nunquam habebunt societatem cum aliquo vel aliquibus contra ipsum seu ejus regnum. Et si de hoc ipse dominus rex non esset contentus, promittat ei quod omnes nostri Veneti qui erunt in regno, in terris ubi se repererint, erunt ad defensionem locorum regni sui, dummodo ipsi non possint impediri de suis itineribus propter hoc.

Capta. Quod committatur ambaxatori ituro ad regem Cipri quod, completo negocio communis, faciat de facto Marinelli Greno totum illud boni quod poterit.

Capta. Quod committatur dicto ambaxatori factum Michaelis Tataro, quod requirat satisfactionem et faciat inde totum illud boni quod poterit, sed non stet propterea de complendo factum communis.

V.

1315, 5 octobre. A Nicosie.

Contrat de mariage arrêté avant la célébration du mariage, et en présence du roi Henri II de Lusignan, entre Isabelle d'Ibelin, fille de Philippe d'Ibelin, sénéchal du royaume de Chypre, oncle du roi Henri II, et les mandataires de Fernand Ier, infant de Majorque, fils de Jacques Ier, roi de Majorque, veuf d'Isabelle de Mategrifon.

Paris. Arch. Nation. Chambre des Comptes d'Anjou. Reg. P. 336, n° 817[1].

In nomine sancte et individue Trinitatis, patris et filii et spiritus sancti. Amen.

---

1. Le document que nous donnons ici n'a jamais été imprimé. Il fut lu et scellé dans la grande chambre du roi de Chypre, au Palais royal de Nicosie, le dimanche 5 octobre 1315.

La pièce du même jour que M. Buchon a publiée plusieurs fois, et qui se trouve annexée à la précédente sous la cote 817 *bis*, est l'acte même du mariage qui fut célébré, après la lecture du contrat, dans la partie du Palais royal habitée par la reine-mère Isabelle d'Ibelin, veuve de Hugues III : *in hospitio regali, in palatio domine regine Jerusalem et Cypri*. Le mariage fut béni par l'évêque de Paphos, et contracté au nom de l'infant par l'archiprêtre don Arnaud Amellot, son princi-

Noverint universi presens publicum instrumentum inspecturi ac etiam audituri quod, in presentia mei Guillelmi Galterii, notarii infrascripti et testium subscriptorum, ad hec vocatorum et rogatorum, excellens princeps dominus Henricus, Dei gratia, Jerusalem et Cypri rex illustris, et magnificus ac potens vir dominus Philippus de Ibelino, senescalcus regni Cypri, dicti domini regis avunculus, ex una parte ;

Et venerabilis vir donpnus Arnaldus Amelloti, archipresbyter, et nobilis vir dominus Bertrandus Galcelmi, miles et discretus vir Arnaldus de Catiano, consiliarii dilecti et fideles familiares incliti domini infantis Ferrandi, illustris domini Jacobi, felicis recordationis, regis Majoricarum filii, Moree, baronie Montispessulani et civitatis Cathanie domini, nuntii, ambassiatores et procuratores ipsius domini infantis, ad infrascripta constituti, prout manifeste apparet publico instrumento ordinato, scripto, signato et clauso per Ferrarium de Pairan, notarium publicum prefati domini infantis Ferrandi, et, in certudinem, memoriam et cautelam contentorum in eodem instrumento, pendentis sigilli ipsius domini infantis Ferrandi munimine roborato, sub anno Domini millesimo trecentesimo quinto decimo, mensis Julii die Mercurii, sexta decima ipsius mensis, concorditer et unanimi voluntate, procuratorio nomine dicti domini Ferrandi, ex altera ;

Super tractatu habito hinc et inde de conjugio et matrimonio inter dominum infantem Ferrandum predictum et preclaram domicellam Isabellam, filiam predicti domini Philippi de Ibelino, senescali regni Cypri, sororem consobrinam dicti domini regis, iniendo, faciendo et perconplendo, et dependentibus et connexis

---

pal ambassadeur, qui mit au doigt de la princesse un anneau d'or orné d'un rubis. L'acte même du mariage est imprimé dans les ouvrages suivants : *Hist. des empereurs français de C. P. par Du Cange*. Édit. Buchon, in-8°, 1826, t. II, p. 371 ; *Chroniques Étrangères*, édit. du Panthéon litt. 1840, p. 513; *Recherch. hist. sur la principauté de Morée*, in-8°, 1845, t. II, p. 455. Fernand était alors en Morée avec la grande compagnie catalane, qui s'était emparée du duché d'Athènes. Il fut tué l'année suivante, le 5 juillet 1316, dans la bataille livrée près de Clarentza, à Louis de Bourgogne, mari de Mathilde de Hainaut, princesse d'Achaïe.

Une 3ᵉ pièce, cotée 817 *ter*, est annexée aux précédentes. Elle est datée de Catane le 12 mai 1315. C'est l'acte d'ouverture du testament de feue Isabelle de Mategrifon, première femme de l'infant Fernand de Majorque ; le testament même, dicté à Catane le 15 mars précédent, 1314, est écrit en catalan par le secrétaire de la princesse, *ladite dame Isabelle ne sachant pas écrire*.

ex eo deliberatione, previsione et consilio prehabitis, ex certa scientia et deliberate, sub forma que sequitur unanimiter concordarunt.

Videlicet quod dicti nuntii et procuratores, vel alter eorum, sicut et quando placebit predicto domino regi et senescalco, debeant, sive debeat, ex vigore mandati predicti eis facti a predicto domino infante, ut dictum est, et omni via, modo et jure quibus melius possunt, nomine, vice et voce predicti domini infantis Ferrandi, contrahere matrimonium, legittime et solempniter, cum supradicta domicella Isabella.

Recipiendo eam in legittimam uxorem predicti domini infantis Ferrandi, et eam cum solempni et legittima interpositione anuli, nomine, vice et voce predicti domini infantis Ferrandi, more solito et de jure subarrando, ubi et quando placuerit, ut dictum est, eisdem domino regi et senescalco, recipientibus et stipulantibus pro eadem domicella; et quandocunque et quotienscunque a predictis domino rege et senescalco, vel altero eorum, seu alio nomine ipsorum, vel alterius eorum de eodem matrimonio contrahendo, ut dictum, est fuerint requisiti, ipsi vel alter ipsorum. Et quod id facient de presenti cum fuerint requisiti, absque alicujus temporis intervallo.

Item, promiserunt et convenerunt bona fide et ex certa scientia, et sese et quemlibet ipsorum ad hoc ex certa scientia et deliberate, personaliter et realiter, obligarunt quod ipsi ita facient et curabunt, quod dictus eorum dominus infans Ferrandus prefatus ante omnia, cum primo pervenerint ad eum cum dicta ejus futura uxore, confirmabit, ratificabit et approbabit omnia et singula que tractata sunt, et erunt per eos et quemlibet ipsorum ordinata, facta, acta et gesta, in negotio dicti matrimonii, Dei gratia, percomplendi, et circa negotium ipsius matrimonii et dependentia et coherentia ex eodem, tam in inveniendo et eligendo ipsam domicellam pro uxore ipsius domini infantis Ferrandi, secundum mandatum eis factum, quam pro dote et lucro dotis, et pactis et conventionibus initis super eis, et pro disponssatione et subarratione factis cum eadem domicella per eosdem procuratores, nomine ipsius infantis; ac etiam ductione ipsius domicelle ad eumdem, infantem, tanquam ejus uxorem legittimam, et pro legittima uxore ipsius, per publicum instrumentum, in presentia ecclesiasticarum et secularium personarum, bone oppinionis et fame ac etiam auctoritatis, conficiendum a notariis pluribus, secundum quod fuerit oportunum, sigillo pendenti ipsius domini infantis et aliarum personarum fide dignarum, ibidem astantium, in testificationem et fidem ipsius instrumenti munimine roboratum, tradendum ante omnia nuntiis et procuratoribus predicti domini senescalci.

Et facient et curabunt quod predicta rattificatio, approbatio et confirmatio fiet per eumdem infantem, ut dictum est, antequam dicta domicella uxor ejus perveniat ad manus, vel in potestatem ipsius, vel per eum habeatur, vel tangatur, vel in hospitium ipsius ducatur.

Et dictus dominus rex et senescalcus, deliberate et ex certa scientia, ordinaverunt et constituerunt eidem domicelle dotem, pro dicto matrimonio divina gratia contrahendo, centum milium bisantiorum alborum de Cypro, ad presens usualium in regno Cypri. Et ipsam dotem centum milium bisantiorum decretam et ordinatam, ut dictum est, convenit et promisit dictus dominus Philippus de Ibelino, senescalcus, pater ipsius domicelle, dictis nuntiis et procuratoribus recipientibus et stipulantibus pro dicto domino infante Ferrando, solvere et pagare, modis, conditionibus, terminis et temporibus infra scriptis.

Scilicet quod ipse dominus senescalcus ita faciet et curabit, quod quinquaginta milia bisantiorum de dicta dote solventur eidem domino infanti Ferrando, in Clarentia, per manus mercatorum societatum Bardorum et Perruchiorum[1] de Florentia, et per manus nuntiorum sive procuratorum ipsius domini senescalci, quos mittet cum dicta ejus filia ad predictum dominum infantem Ferrandum, ejus legittimum futurum sponsum. Et quod si quid deficeret, quod non creditur, de solutione dictorum quinquaginta milium bisantiorum, fienda Clarentie per predictos, quod adimplebitur reliquum de presenti, in Messana insule Secilie, per predictos mercatores Bardorum et Perruchiorum, vel alterum ipsorum.

Et hoc, quare dicti mercatores Bardorum et Perruchiorum nesciunt certitudinaliter, si dicti eorum socii, qui sunt in Clarentia, poterunt totam dictam summam quinquaginta milium bisantiorum solvere de presenti in Clarentia. Et pagabuntur, ut est dictum, statim postquam dictus dominus infans confirmaverit,

---

1. Les Bardi et les Peruzzi: *Hist. de Chyp.*, t. II, 98, n.; 105, n.; 147, 149, 164.

ratificaverit et approbaverit ea omnia et singula que predicti ejus nuntii tractaverunt, sive tractaverint et fecerint, promiserint et obligaverint super facto dicti matrimonii cum predictis domino rege et senescalco, tam de dote et donatione et lucris ipsarum, in suis eventibus, ut dictum est et dicetur inferius, quam de subarratione et disponssatione ipsius domicelle, ac etiam ductione ad predictum dominum infantem, virum ejus futurum, et omnibus aliis et singulis que circa futuri dicti matrimonii acta fuerint sive gesta.

Et alia quinquaginta milia bisantiorum reliqua ex dicta summa dotis centum milium, solvet et solvi faciet et pagari dictus senescalcus eidem domino infanti Ferrando, vel ejus nuntio et procuratori, per totum mensem Augusti proxime futurum, qui erit in millesimo trecentesimo sextodecimo, in civitate Clarentie, vel in civitate Messane, per manus dictorum mercatorum, vel aliorum sive procuratorum dicti domini senescalci, sicut melius haberi et procurari poterunt per eumdem.

Et pro predictis quinquaginta milibus bisantiis solvendis, secundo, locis et tempore supradictis, predictus dominus rex Henricus extitit fidejussor, renuntians beneficio de fidejussoribus, et omni alii, quo se contra predictam obligationem fidejussorum juvari vel tueri possit, quoquo modo.

Et versa vice, prefati nuntii et procuratores domini infantis predicti, et quilibet ipsorum, vice et nomine dicti domini infantis Ferrandi, promiserunt solempni stipulatione eisdem domino Philippo senescalco, patri dicte domicelle, procuratorio nomine ipsius domini infantis, ipsam dotem centum milium bisantiorum, eidem domino Philippo, sive dicte domicelle, ejus filie, restituere, in omnem eventum restituende dotis.

Et specialiter si contingeret dictum dominum infantem Ferrandum premori eidem domicelle, et dictam domicellam supervivere eidem domino infanti, extantibus filiis, ex eorum comuni amplexu, sive non, promiserunt dicti procuratores, procuratorio nomine dicti domini infantis, eumdem dominum infantem Ferrandum personaliter et realiter obligando eidem domino Philippo, patri dicte domicelle, pro se et dicta domicella et eorum heredibus stipulanti, ipsam dotem centum milium bisantiorum totam et integram reddere et restituere eidem domicelle, cum omnibus bonis parafrenalibus, mobilibus sive jocalibus et ornamentis auri, argenti et lapidum preciosorum, ac etiam margaritarum que ipsa domicella secum portat et portabit de domo patris sui, cum tradetur nuptui eidem domino infanti Ferrando.

Et ultra dictam dotem et dicta jocalia, sive mobilia, ex speciali pacto comuniter, ut inferius, habito inter eos, voluerunt quod dicta domicella tunc caperet, lucraretur et haberet de bonis dicti infantis quinquaginta milia bisantiorum, extantibus, ut dictum est, ex eis filiis sive non, solvenda eidem domicelle una cum dote predicta, in casu predicto, quando previveret eidem infanti Ferrando de bonis dicti infantis Ferrandi, ubicumque et in quibuscumque consistant. Et si dictus infans Ferrandus superviveret dicte domicelle Isabelle, et ipsa domicella Isabella premoriretur eidem, voluit et pacto convenit dictus dominus senescalcus quod dictus dominus infans tunc capiat et lucretur, si filii remanserint ex eorum comuni amplexu, totam dotem predictam et jocalia quecunque superius expressa ipsius domicelle.

Et si filii non extiterint, quod tunc dictus dominus infans Ferrandus debeat lucrari de dicta dote, capere et habere ac sibi retinere quinquaginta milia bisantiorum alborum. Et reliqua alia quinquaginta milia bisantiorum, ex summa dotis predicte centum milium bisantiorum, promiserunt et convenerunt eidem senescalco, pro se et suis heredibus stipulanti, reddere eidem ac restituere, sive ejus heredibus, vel eorum certo nuntio et procuratori, statim cum se casus offerret predictis, absque alicujus temporis intervallo.

Item, promiserunt et convenerunt dicti procuratores et nuntii domini Ferrandi, pro eo et ejus vice et voce, ac procuratorio nomine ipsius, eidem domino senescalco recipienti pro se et suis heredibus, vice et nomine omnium quorum potest vel possit quomodolibet interesse, quod dictus dominus infans, recepta solutione dictorum primorum quinquaginta millium bisantiorum, ac etiam secundorum, ut dictum est, facienda suis temporibus, statim et de presenti faciet recognitionem de eis, et qualibet quantitate ipsorum, ut dictum est, per publicum instrumentum, ejus sigillo pendenti bullatum. Et ipsum instrumentum dabit et tradet, sive tradi faciet, procuratori sive procuratoribus ejusdem domini senescalci, sive nuntiis ipsius, qui solutionem facient pro eodem. In quo instrumento continebitur, legittime et de jure, finis et reffutatio de recepto, nec non et cassatio ac anullatio promissionis et recognitionis dicte dotis, in quantitate soluta.

Item, fuerunt in concordia dicte partes et sibi invicem convenerunt quod dicta domicella Isabella debeat per dictum dominum senescalcum mitti presentialiter ad prefatum dominum infantem Ferrandum, virum ejus futurum, et quam citius commodi et convenienter fieri potest et poterit, ad arbitrium predictorum dominorum regis et senescalci et nuntiorum seu procuratorum domini infantis predicti superius nominatorum, omni fraude, dolo et machinatione remotis.

Que omnia et singula et quodlibet predictorum predictus dominus senescalcus, suo nomine, et dicte ejus filie future sponse infantis Ferrandi, ex una parte, ut dictum est, et dicti procuratores et nuntii, procuratorio nomine dicti domini infantis, et omni modo, via et jure quibus melius potuerunt, nomine dicti domini infantis, ex altera, et pro eo, ut dictum est, promiserunt attendere et observare facere, et adimplere et contra non venire, aliqua ratione, occasione vel causa, ad sanum et purum intellectum, omni fraude, dolo et machinatione remotis, sub pena decem milium florenorum auri, hinc inde legittime stipulata et promissa; que totiens committatur et peti et exigi possit, quotiens in aliquo ab alterutra partium fuerit contrafactum, vel ventum. Qua pena soluta, vel non, exacta, vel non, commissa, vel non, rato nichilominus manente contractu.

Item, convenerunt et promiserunt ad invicem dicte partes, et una pars alteri, legittime stipulanti, reficere, restituere omnia et singula dampna, expensas et interesse que una pars faceret, si alia sive altera in aliquo contrafaceret, vel veniret, vel non servaret et custodiret omnia et singula supradicta et infra scripta.

Et de dampnis, expensis et interesse predictis, promiserunt sibi invicem, et una pars alteri, stare et credere assertioni partis facientis et recipientis, absque aliqua alia probatione vel judicis taxatione.

Pro quibus omnibus et singulis observandis et inviolabiliter attendendis, faciendis, custodiendis et adimplendis ab utraque partium, ut est dictum, una pars alteri obligavit, ipothecavit, et in pignus dedit omnia sua bona mobilia et immobilia, jura, actiones, et nomina, et alia quecumque, et ea sese una pars alterius nomine, ut est dictum, constituit possidere usque ad legittimam et congruentem satisfactionem, complectionem et perfectionem omnium et singulorum predictorum, et cujus libet eorum.

Et insuper dicti nuntii et procuratores infantis Ferrandi predicti, et quilibet ipsorum per se, ex potestate et auctoritate eis tradita et cuilibet ipsorum, de jurando in animam ipsius infantis, ut patet predicto publico documento mandati predicti, ex certa scientia et deliberate, juraverunt super sancta Dei quatuor Evangelia, ipsis tactis, in animam dicti domini Ferrandi, et vice et voce ipsius procuratorio nomine pro eodem, quod ipse faciet, attendet et observabit, custodiet et adimplebit omnia et singula supradicta, et contra non veniet aliqua ratione, occasione vel causa.

Renuntiantes, in hoc contractu, exceptioni doli, mali, in factum, sine causa et ex non justa causa, rei non ita geste, privilegio fori et beneficio appellandi, pactorum et conventionum predictorum, non interpositorum, et non sic interpositorum, juramenti non prestiti, et omnibus aliis juribus, beneficiis, privilegiis et exceptionibus juris canonici et civilis et consuetudinis cujuscunque, quibus se contra predicta juvari, vel tueri possent, quoquo modo, de jure vel de facto, directe vel indirecte.

Volentes partes predicte quod ex hoc contractu, duo ejusdem tenoris et efficatie fierent instrumenta, et quod cuique partium unum detur.

Et in certudinem et cautelam omnium predictorum, infra scripti prelati, testes huic contractui assumpti, vocati et rogati, una cum aliis infrascriptis testibus, sigilla eorum pendentia impresserunt, videlicet reverendi in Christo patres domini Jacobus Paphensis, Johannes Nimotiensis et Robertus Berithensis, Dei gratia, episcopi.

Acta et facta fuerunt predicta omnia et singula inter partes predictas, in civitate Niccossiensi regni Cypri, in hospitio regali, in magna camera regia, anno Domini a nativitate ejus millesimo trecentesimo quinto decimo, indictione quarta decima, die quinta mensis Octobris, apostolica sede vacante per mortem sanctissimi patris domini Clementis, pape quinti; in presentia et testimonio reverendorum patrum, predictorum dominorum, videlicet domini Jacobi Paphensis, fratris Johannis Nimotiensis, et domini Roberti Berithensis, Dei gratia, episcoporum; religiosi et honesti viri fratris Hemerici de ordine Minorum, et venerabilis viri domini Jacobi de Cassiatis, cantoris Famagustani; ac magnificorum et nobilium militum regni Cypri, homeligiorum dicti domini regis, videlicet dominorum Hugonis de Lisiniaco, Johannis Le Tor, Johannis de Biblio, Ludovici de Noris, Hugonis Beduini, Anselmi de Bria, Hemerici de Mimars, Johannis Babini, Roberti de Mongisardo, trucoplerii regni Cypri, Jacobi de Flori ballivi secrete regni Cypri, et Justini de Justinis, jurisperiti, consiliarii dicti regis, testium adhibitorum, vocatorum et rogatorum.

Et ego Guillelmus Galterii de Niccossia, publicus imperiali auctoritate notarius et judex ordinarius, omnibus et singulis supradictis, inter dictas partes conventis, factis et peractis, prout superius continetur, interfui; ac presens publicum instrumentum, ex eis, mandato dictarum partium, scripsi et publicavi, in memoriam et cautelam, meoque solito signo signavi ad robur omnium predictorum. Et Bartholinus notarius infrascriptus, ad majorem cautelam, de meo beneplacito et dictarum partium voluntate, etiam una mecum, in fidem et testimonium se subscripsit.

Et ego Bertholinus dictus de Conchis, de Nicossia, canonicus Tarsensis, publicus apostolica auctoritate notarius, omnibus et singulis suprascriptis inter duas partes conventis et peractis, prout superius continetur, interfui et huic publico instrumento, mandato dictarum partium et beneplacito dicti Guillelmi notarii, me subscripsi meoque signo solito signavi, in testimonium et robur predicti publici instrumenti.

VI.

1334, 25 juillet. Venise.

Le Sénat autorise Mondino, orfèvre de Crémone, qui avait fabriqué une merveilleuse horloge pour le roi de Chypre, à faire venir en Chypre par la voie du change le prix de cette horloge qui était payable en Chypre.

Venise. Archiv. général. Délibér. du Sénat. *Senato. Misti.* Reg. XVI, fol. 74, v°.

Capta. Quod fiat gratia magistro Mondino, aurifici de Cremona, habitatori in contrada sancti Gervasii, qui, ut exposuit, habitabit Veneciis cum uxore et familia annos XXV. et ultra, licet non habeat privilegium citadinantie, quod cum vendiderit unum horilogium domino regi Cipri artificialiter fabricatum, pro ducatis auri octingentis, in quo opere consumpserit magnam partem dierum suorum, quam solutionem habere debet solum in partibus Cipri, quod, attenta ejus fama laudabili, et devotione et fide quam semper habuit in honorem dominationis nostre, dictos ducatos possit mittere seu adducere Venecias investitos [1]. Et si consilium, etc. Non, 18. Non synceri, 3. Omnes alii de parte.

VII

1344, 20 mai.

Clément VI fait connaître à Hugues IV de Lusignan les bases du traité de paix qu'il est parvenu, non sans peine, à faire accepter par les envoyés royaux et les envoyés de la république de Gênes.

Paris. Archiv. nationales. Bullaire L. Copies modernes.

Clemens, episcopus etc., charissimo filio Hugoni, regi Cypri, salutem, etc. Dudum ad nostram venientes præsentiam dilecti filii nobiles viri Johannes Bedoini [2], miles, consiliarius regius, et Johannes, prior ecclesiæ sancti Pauli Antiochensis et Crucis de Cypro [3], ordinis sancti Benedicti, Nimotiensis diocesis, tue celsitudinis nuncii, per nos benigne recepti, nobis exponere curaverunt

---

1. Je crois qu'il s'agit ici de quelque opération de change (Cf. notre *Supplém. aux Traités entre Chrétiens et Arabes*, p. 104, au mot: *Investire*).—Pendant longtemps, la république de Venise réserva exclusivement le commerce du Levant à ses nationaux, et l'interdit même aux étrangers fixés à Venise auxquels elle avait accordé la *Citadinanza*, ou droit de citoyen. On lit à ce sujet dans Muazo: « Della Cittadinanza. Alli forastieri (qui avaient obtenu le titre de citoyen de » Venise) erano già tempo proibiti i commercii del Levante e con il fontico dei » Todeschi; ed avevano alcune ristrettezze ed obligazioni, che con decreti poste- » riori sono state derogate, cosi che al presente hanno libero il trafico; e ne » contratti, ne testamenti, nelle successioni sono alla condizione de Veneti. » *Storia del governo di Venezia*, mss. de la Bibl. St-Marc, class. VII, n° 963, fol. 36. Cf. *Hist. de Chypre*, t. II, p. 273, et ci-après 22 juin 1365.

Le même volume des *Misti* (XVI, fol. 39) mentionne une délibération du sénat du 18 novembre 1333 prescrivant d'écrire au roi de Chypre pour engager ce prince à envoyer ses ambassadeurs à Rhodes et à entrer dans la nouvelle alliance formée avec les chevaliers contre les Turcs, puisqu'il n'a pu participer à la précédente ligue. Si l'île de Négrepont ne paraît pas convenable comme lieu de réunion de la conférence et de la flotte, la république est disposée à agréer tout autre point de rendez-vous. Nous avons donné quelques pièces concernant cette ligue contre les Turcs et la défense de la ville de Smyrne, conquise par les confédérés dans le t. II de notre *Hist.*, p. 181-182, 217 et 221.

2. Cf. *Hist. de Chypre*, t. II. p. 164. Il fut également employé dans les négociations avec l'Égypte. Strambaldi et Amadi, ann. 1370.

3. Ce monastère de St-Paul d'Antioche et de la Croix de Chypre, semble être l'abbaye du Mont Ste-Croix, dans le Mazoto, qui était aux Bénédictins. (Et. Lusignan, fol. 37; Guill. de Boldenselle, ap. Canisius, *Antiq. lect.*, t. V, 2ᵉ part., p. 105.)

quod, licet super dissensione sedanda quam inter te, fili carissime, tuosque subditos ex parte una, et dilectos gubernatorem et commune Januensium ex altera, suscitarat humani generis inimicus, ad civitatem Januensem tuos nuncios destinasses, ipsique nuncii fuissent ab ipsis Januensibus a principio satis bene recepti, tandem, tamen nihil cum eis facere potuerant super hiis; quinimo, nunciis ipsis de civitate ac territorio januensi licentiatis minus honeste, præfati Januenses ad tuam et subditorum tuorum offensionem hostiliter se parabant. Nos igitur, obviari periculis et scandalis quæ inde provenire poterant salubriter cupientes, eidem gubernatori et communi, per litteras nostras exhortatorias, scripsimus ut ab omni hostili offensione tui regni et subditorum tuorum penitus abstinentes, suos nuncios super omnibus articulis dictam dissensionem tangentibus sufficienter instructos et idonea potestate suffultos, tractaturos coram nobis cum tuis prædictis nunciis super mutua reformanda concordia destinare ad nostram prœsentiam procurarent.

Qui quidem Januenses, nostris obtemperantes exhortationibus in hac parte, suos certos nuncios ad eandem præsentiam transmiserunt. Post modum autem tam eis quam tuis prædictis nunciis in curia præsentibus, post varias altercationes super prædictis coram nobis et aliis quibus hoc negocium commisimus habitas, hinc et inde mediantibus inductionibus et sollicitudinibus nostris, ad certam amicabilem concordiam devenerunt, sicut per scripturam confectam super hoc liquebit plenius, et ipsi nuncii tui referre magnificentiæ regiæ seriosius poterunt viva voce.

Cumque pro parte dictorum Januensium peterentur inter cætera super prædicta reformanda concordia que sequuntur, videlicet quod ipsi Januenses in regno tuo perpetuo haberent carcerem; et quod in contracta concordia hujusmodi de privilegiis olim sibi, ut asserunt, concessis per claræ memoriæ Henricum regem Cypri expressa mentio haberetur [1].

Item, quod ipsi Januenses cum lignis suis, absque licentia tuorum officialium, quandocumque haberent ingressum liberum ad portus prædicti regni tui, et nichilominus quod Januenses in regno commorantes eodem possent in furnis suis aliorum etiam

---

1. Il ne paraît pas que l'assertion des Génois fût fondée. Cf. le Privilége d'Henri I*er* à eux accordé en 1232 (*Hist.*, t. I, p. 52) et les traités de 1329 et 1338, p. 150 et 166.

Januensium decoqui facere panes suos; nolentes aliter nisi super hiis eis concessis tractatui ejusdem sententiæ consentire; prænominatique tui nuncii præmissa penitus concedere recusarent, se mandata non habere super hiis, et præsertim quod ea quæ tangunt dictum carcerem, asserentes; nos, ne tantum bonum quantum speramus ex eadem concordia proventurum impediri valeret, et tot perniciosis dispendiis quot eadem comminabatur dissensio aditus panderetur, meliori et expedientiori modo quo fieri absque tui detrimento honoris et commodi potuit, premissa providimus ut sequitur temperanda.

Scilicet quod, usque ad triennium, per quod tempus ipsa durare debet concordia, post modum de voluntate tamen partium proroganda, habeant petitum carcerem Januenses prædicti, quandoque de privilegiis Henrici regis prædicti per verba enunciativa ipsorum Januensium nec dispositiva contractus prædicti fieret mentio in eodem. Rursus, quod dicti Juanuenses possint cum lignis suis, sub certis modificationibus in eodem contractu limitatis plenius et expressis, ad portus applicare prædictos, eisque liceat in furnis suis aliorum etiam Januensium decoqui facere panes suos.

Quibus quidem prælibati tui nuncii ad mandatum nostrum, propter bonum pacis et concordiæ hujus modi, et etiam quia nuncii predictorum Januensium super multis petitis per eosdem tuos nuncios acquieverunt, eis placabiliter et benigne, præsertim super factis gabellæ per illos qui contrahunt cum eisdem Januensibus, nec non stipendiariorum tuorum Januensium et eorum qui sunt tui homines ligii, ut sub jurisdictione regia immediate, Johanne de Carmedino, qui per suam rebellionem prœteritam aliorum se reddidisse dicitur communitate indignum, excepto, consistant, juxta voluntatem et mandatum nostrum hujusmodi consenserint. Super quibus eos quos de solerti et circumspecta diligentia circa præmissa et alia quæ coram nobis habuerunt agere commendamus, habeat super hiis regalis excellentia quæsumus excusatos.

Demum, cum pro parte prædictorum Januensium asseratur quod, propter malos officiales regios et indiscretas executiones eorum, prædicta dissentio mota fuit, excellentiam regiam attentius exhortamur quatenus super hoc regia circumspectio prudenter providens et mature, velis bonos, fideles et discretos officiales, per quorum solertem industriam honores et jura observentur regia, denique Januenses et alii commorantes in regno predicto non graventur vel offendantur indebite, deputare.

Datum XIII. kalendas Junii, anno tertio.

VIII

1362-1364.

Extraits de la chronique vénitienne de Jean Jacques Caroldo relatifs au premier voyage en Europe, de Pierre Ier de Lusignan, roi de Chypre, entrepris pour engager les princes chrétiens à former une croisade [1].

Florence. Biblioth. de M. le Mis Capponi. Ms. n° 140. — Paris, Bibl. nat. Ms. anç. fond., n° 9959-3.

1362

Il serenissimo re di Cipro, nominato Pietro di Lusignano, nel principio del mese di Decembre, venne a Venizia con tre sue galee. Haveva seco molti gentilhuomini; et insieme venne il legato pontificio[2]. L'excelso duce gli andò ad incontrar con il Bucentoro sino a san Nicolo de Lido; dove fatte l'accoglienze, fu condotto all' allogiamento che li era apparecchiato a ca Corner, a san Luca, nel qual fu allogiato il duca d'Austria. Furono fati a sua maestà alcuni doni di pretio, con quelli di honorificenza demonstrationi si conveniva. Laquale nella chiesa di san Marco fece cavallier missez Andrea Zane, podestà di Treviso. La maestà sua espose al senato veneto il pericolo nel quale si ritrovava la Christianità, per la grandezza di forze et di stato in che erano infedeli, liquali tenevano dal continuo molestati Christiani nelle parte di Levante. Questa regia maestà, nell' isteso mese di Decembre, accompagnata dal duce et Veneto senato sino a Marghera, tolse il camino di Genova per andar in Avignon et in Franza..... Dicemo di sopra la venuta a Venezia del re de Cipro et la partita sua. Il quale andò a Genova, et dal magnifico misser

---

1. Cette chronique s'arrête à l'an 1382, mais son auteur, Jean Jacques Caroldo, qui fut secrétaire du Conseil des Dix de Venise vivait seulement au commencement du XVIe siècle. (Voy. Foscarini, cité par M. Daru, *Hist. de Venise*, éd. 1853, t. VII, p. 162.) Caroldo annonce s'être servi pour la rédaction de son histoire de la chronique de Dandolo et des registres de la chancellerie ducale; néanmoins il n'est pas très-exact dans tout ce qu'il dit des voyages du roi de Chypre. Il a suivi Froissart et lui accorde trop de confiance.

2. Pierre de Thomas. *Hist. de Chypre*, t. II, p. 253-255, 281, 282-284.

Simon Boccanegra, duce, et universalmente da tutta quella città fu ricevuto con molte honorevoli demonstrazioni. Passò l'Alpe per andar in Avignon, ad Innocentio summo pontefice, il quale appresso Natale passò di questa vita, et in loco suo fu creato pontefice Urbano quinto.

1363

Il re di Franza, havuto l'aviso che'l re de Cipro era gionto a Venezia, et dipoi a Genova per venir in Avignon, per l'amor che gli portava, essendo di casa di Lusignano, a se congionto di sangue, et per l'estimazione che faceva di quel re, ilquale haveva presa Setelia, et ogni giorno faceva gran danni a infideli, fece intender alla santità del pontefice che'l voleva venir a basciar li piedi a sua beatitudine et vedersi col re di Cipro.

A principio di Febraro del detto millesimo, venne quella maestà in Avignon, incontrato da molti cardinali, et con molta allegrezza de tutta la corte lo condussero alla presentia del papa, il quale con giocondissimo volto lo riceve. Et così fece il re de Cipri ivi presente; et fatta insieme bona ciera di confettione et pretiosi vini, li due re andorono ciascuno al suo allogiamento. Dapoi fu fatto un combattimento de doi cavallieri avanti li re di Franza et di Cipro, in Villanova, appresso Avignon. Li quali si portorono nel combatter valorosamente. Il re mandò alcuni cavallieri che li faceva deponer l'armi et far la pace. A questo modo et con diversi passatempi li due re s'intertenero tutta la quadragesima in Avignon, visitando spesse fiatte il pontefice, il quale li riceveva graziosamente. Occorse più volte in questa visitatione che'l re di Cipro fece intender alla santità del pontefice, in presentia del re di Francia et cardinali, come, per beneficio de tutta la Christianità, sarebbe cosa molto degna far il santo passaggio oltramarino..... Il re di Francia et tutti li sopranominati signori portavano sopra dei loro vestimenti la croce rossa.

Il pontefice scrisse all' illustre duce Celsi [1], intimandogli l'impresa contra Turchi per ricuperar Terra santa, et che a questo assentiriano Giovanni re di Francia, Pietro re di Cipri et altri signori, da esser dato principio a calende di Marzo 1365; et da sua santità fu concessa et publicata plenaria indulgenzia a tutti quelli passavano il mare per tale impresa. Il re di Cipro mandi suoi oratori alla veneta republica, ricercando passaggio per

---

1. Le doge de Venise, Laurent Celsi.

cavalli 2^m. Fu rispoto a sua maestà che erano molto contenti farle levare con li loro navilii a mezo Zugno, salvo giusto impedimento.

Dapoi Pasqua, l'anno 1363, sua maestà partì d'Avignon, tolto prima licentia dal pontefice et dal re di Francia, dalli quali fu presentata di molti doni et etiandio di molte grazie che gli fece sua beatitudine. Sua maestà si pose in camino, et cavalcando a giornate convenienti gionse a Praga, dove si ritrovava Carlo quarto imperatore et re di Bohemia, dal quale et dalli baroni del sacro imperio fu raccolto gratamente. Stette ivi con sua imperial maestà tre settimane, essortando et lei et quelli signori quanto gli fù possibile al santo passagio. L'istesso fece con tutti li signori et città di Alemagna, dove gli occorreva di morare, passando per mezo l'Alemagna et se ne venne nel ducato de Giulier, qual duca gli fece grande accoglienze; et de li passò in Brabante. Il ducha et la duchessa medesimamente ricevettero sua maestà con grand' honor nella terra de Brusseles, dove li fu fatti lautissimi banchetti, giostre, torneamenti; et nella partita sua, gli donorono alcune gioie di valuta. Andò poi in Fiandra, per veder il conte Loys, che lo ricevette in Bruges, con molti segni di honor et di cortesia. Sua maestà continuo tutta quella estate, per far questo camino, per essortar li prencipi a questa santa impresa.

Venne poi a Cales, dove il re d'Inghilterra teneva per ostaggi il duca d'Orliens, il duca di Berry et il duca di Borbon. Il duca di Angio era partito, per andar alla corte del re per provedere al suo riscatto. Con li quali sua maestà stette dodici giorni, et fu da loro ben veduto et festeggiato. Dapoi, sua maestà passò a Dobra, et pervenne a Londra, dove fu incontrata dalli primi baroni d'Inghiltera et tanto honorata et presentata di zoglie, vaselli d'argento et d'oro quanto se conveniva a un re venuto da così lontano paese per cagione così favorabile. Sua maestà di continuo essortava il re d'Inghilterra a pigliar la croce rossa et ajutar l'impresa, ma quel re prudentemente s'escusava non poterlo fare.

1364

Il re di Cipro ripassò il mare et venne a Bologna, dove intese chel re di Francia, duca di Normandia, et l'illustrissimo Filippo, figliuolo di sua maestà, con el gran consiglio suo, doveva ritrovarsi nella gran città di Amianos, nella quale pervenuto il re di Cipro, ritrovò che il re di Francia, poco avanti, era gionto, et fu da sua maestà per alcuni giorni festeggiato.

Parve poi al re di Cipro andar a visitare il prencipe di Galles [1], figliuolo del re d'Inghilterra. Partita adonque sua maestà di Aminos, andò a Boeus [2], passò la Seina et pervenne a Poitiers. Il prencipe di Galles era in Angoleme, il quale, intesa la venuta di sua maestà, mandò un numero di cavalli ad incontrarla, li quali l'accompagnorono nella terra molto honorevolmente. Et fu da quel prencipe tanto honorato quanto puo desiderarsi. Stette col prencipe sempre in feste et banchetti. Dapoi, fu condotta da alcuni cavallieri a Santonge et Poitiers et alla Rochiella, per veder quelle terre sopra il mare Oceano, ove li furono fatte molte accoglienze. Ritornò poi in Angolem, dove era il principe, al quale fece intendere la cagione della venuta sua in Ponente, che era per essortar li prencipi Christiani a pigliar la crosse rossa, come havevano fatto il re di Francio et molti baroni et signori della sua corte. Gli fu risposto dal prencipe di Galles che questo santo viaggio doveva esser desiato da ogni buon christiano, et come fusse concluso di far il viaggio el non sarebbe solo, ma accompagnato da quelli che desiavano di superar gli altri in tale impresa.

Il re di Cipro, partito di Angolem, accompagnato fino fuori del paese dal prencipe di Galles, pervenne a Paris, istimando ivi ritrovare il re di Franza, ritornato d'Inghiltera, perciocchè sua maestà d'Aminos fece deliberazione di andar a veder il re Odoardo et la regina sua sorella. Ma dal duca di Normandia, in quale haveva il governo del regno, intese a Paris come il re di Franza si ritrovava in Londra gravemente indisposto; et poco dapoi gionse la nova della morte sua. Per laqual cosa, il re de Cipro rimase molto malcontento, perciochè sperava dal re di Franza haver grand' ajuto, et se bene dal figliuodlo Carlo l'havesse promesse larghe di seguir le paterne vestigie, nondimeno, conoscendo che sua maestà nel principio del regno conveniva visitar tutte le città et luoghi a lei soggetti, et convocar li baroni et prelati del reame di Franza, in che vi andarebbe tempo assai, istimava che'l soccorso di quella non potrebbe essere così tosto ad ordine como sè conveniva al dissegno di tale impresa.

In Paris, il re di Cipro hebbe lettere dalla ducal signoria, delle offerta che quella gli faceva di proveder per il passagio di cavalli

---

1. Au ms. *Cales.*
2. Beauvais.

2⁰ per il mese di zugno; alla qual sua maestà fece risposta alli 16 febraro 1364 [1], ringratiandola dell' oblatione et ottimo animo suo all' impresa, ma che non la si potrebbe trovar a Venetia sino al mese di Agosto, per cagione della morte del re di Franza, convenendo sollecitar li signori de Fiandra et altre parte de Christiani, et venir poi in Savoia et in Italia, come fece la maestà sua.

IX

1364, 26 avril. A Venise.

Laurent Celsi, doge de Venise, charge le capitaine général de la flotte et les provediteurs de Crète de prévenir le consul d'Alexandrie qu'il lui paraît impossible, en raison de la prolongation du séjour du roi de Chypre en France, qu'il soit rien entrepris de sérieux cette année-ci contre le sultan.

Venise. Archiv. général. *Ducali et atti diplomatici*. Doc. détachés orig. Boite 12°, 1356-1367.

Laurentius Celsi, Dei gratia, dux Veneciarum, etc., nobilibus et sapientibus viris Dominico Michaeli, de suo mandato, capitano generali maris, ac Paulo Lauredano, procuratori Sancti Marci, et sociis, provisoribus ad partes Crete, fidelibus, dilectis, salutem et dilectionis affectum.

Pridie vobis mandavimus ut per aliquam personam oretenus informaretis nostrum consulem Alexandrie de oblatione facta per nos domino regi Cipri, circa factum passagii, et de novis que habebamus de ipso domino rege. Nunc autem vobis denotamus quod nuper habuimus litteras ab ipso domino rege, datas Parisius XVII. Februarii [2], per quos collegimus ipsum non esse futurum Venecias usque mensem Augusti proximi, et per consequens satis verisimiliter opinamus quod, pro hoc anno, in factis passagii ad aliquem actum notabilem non procedetur. Quare voluimus quatenus, quam citius esse potest, per illam et illas vias que vobis magis utiles et expedite videantur, ita quod omnino ad ejus noticiam perveniat sine mora hec nova, prefacto nostro consuli denotetis, per personas que ei dicant ea oretenus, ut informationem de

---

1. C'est peut-être la lettre du 27 février 1364, qui est insérée aux Commémoriaux de Venise. Voy. notre tom. 1ᵉʳ, p. 252, n.

2. Voy. *Hist. de Chypre*, t. II, p. 252, n.

ipsis habeat causam remanendi et non faciendi novitatem recedendi inde, nisi aliud manifestum periculum sentiret, quod non credimus posse contingere, rebus sic se habentibus. Significantes etiam sibi quod facimus procurari apud dominum papam de duabus navibus mittendis hoc anno ad viagium Alexandrie, cum mercatoribus et mercationibus, et speramus, Deo previo, eam habere; ita quod pro omni causa non esset facienda novitas recedendi inde ullo modo, rebus ut predictum est, existentibus in hoc statu. Ceterum sollicitetis mittere quam velocius et expeditius esse potest; et illud quod habueritis, statim nobis denotetis, quia si forte, quod non credimus, ipse consul recessisset, vellemus hic scire ad tale tempus, quia possemus cum navibus quas speramus illuc mittere vel aliter, sicut honori nostro conveniet, providere.

Data in nostro ducali palatio, die XXVI. Aprilis. 11 Indictione [1].

X

1364-1368.

Décisions diverses du Collége concernant les honneurs à rendre au roi de Chypre à son arrivée et pendant son séjour à Venise.

Venise. Archiv. génér. *Notatorio del Collegio.* Reg. 1292-1393.
Fol. 3, v°.

I

M.CCC.LXIIII., 26 octobris.

Quod pro honorando D. regem Cypri mitantur decem nobiles in ambaxiatores cum famulis duobus pro quolibet, qui vadant usque Coneglanum obviam ei, et ipsum recipiant usque Venetias; et scribatur potestatibus et rectoribus nostris Coneglani, Tarvisii et Mestri quod ei et suis faciant omnes civilitates et honores; et possint expendere pro faciendo expensas et honorem domino regi predicto et suis usque libras 300, et inde infra, quam melius poterunt, pro quolibet dictorum rectorum, habentes libertatem in majori consilio captam per dominum et consiliarios et capita.

Item. Mittantur plati domini ducis, cum aliquibus ganzarolis et paraschelmis armatis usque Margariam; et vadant cum platis duo consiliarii, unum caput et usque XX. nobiles cum eis. Et eligantur usque duodecim nobiles, qui armant dictas ganzaras et

---

1. Au dos : « Nobilibus et sapientibus viris Dominico Michaeli, capitaneo gene» rali maris, ac Paulo Lauredano, procuratori Sancti Marci et sociis, provisori» bus ad partes Crete. »

paraschermos pro quolibet. Dominus autem cum suo Bucentauro vadat usque ad Sanctum Secundum, et ibi eum recipiat et conducat ac consociet per canalem Rivoalti usque ad domum et hospitium suum, et inde postea veniat ad palatium. Eligantur autem tres nobiles, qui provideant de inveniendo aliquos curatellos boni vini diversarum manerierum, et ceram et confeciones, pro presentando ei quando venerit, et qui de tempore in tempus presentent secundum ordinem qui dabitur per dominum.

Electi tres ad exenia domini regis. Ser Marinus Dono, S. Andreas Paradiso, S. Benedictus Gauro.

Duodecim pro armandis ganzaris et paraschermis. Ser Marcus Nioni Gangari, S. Bernardus Balbi Ganzari, S. Petrus Permarino, S. Franciscus Bragadeno, S. Micheletus Justiniano Sancti Petri, S. Nicoletus Fuscareno Sancti Petri, S. Danelus Calbo, S. Nicoletus Guoni, S. Nicoletus Donato, S. Janinus Fuscareno quondam Petri, S. Janinus Contareno Sancti Jacobi, S. Ludovicus Contareno Sancti Filippi.

Duodecim oratores ituri. Ser Marcus Mauroceno quondam Roberti, S. Joannes de Priolis, S. Petrus Mocenigo, S. Paulus Lauredano, S. Petrus Bragadeno, S. Marinus Contareno, S. Marcus Justiniano quondam Pancratii, S. Marcus Romano, S. Petrus de Musto, S. Bartholomeus Quirino.

II

M.CCC.LXVIII, 6 septembris.

Determinatum fuit per omnes consiliarios quod dominus excelsus dux, occasione convivii quod facturus est illustri domino regi, haberet de pecunia nostri comunis libras 600 ad grossos, vigore capituli promissionis domini loquentis super hoc.

XI

1365, 22 juin. A Venise[1].

Titre de citoyen de Venise accordé à Philippe de Maizières, chancelier de Chypre.

Venise. Archiv. général. *Commemoriali*. VII. Fol. 47, v°.

Privilegium civilitatis domini Philippi de Maseriis, cancellarii domini regis Cipri, de gratia.

Laurentius Celsi, Dei gratia, dux Venetiarum, etc., universis

[1.] Ce document déjà mentionné (*Hist.* t. II, p. 272), et la lettre que nous

et singulis tam presentibus quam futuris, et tam amicis quam fidelibus, presens privilegium inspecturis, salutem et sincere dilectionis affectum. Tanto benignius ducalis providentia consuevit personas honorabiles sibi devotas et fideles honoribus prevenire, ipsarumque

insérons plus loin sous la date 1376-1377, permettent d'ajouter quèlques faits aux notions recueillies par l'abbé Lebeuf et par M. P. Paris, sur la vie et les voyages de Philippe de Maizières (*Mém. de l'Acad. des Inscript.*, t. XVII, p. 491; nouv. série, t. XV, 2ᵉ part., p. 369). On verra aussi dans la pièce suivante, que nous transcrivons d'après un livre assez rare, le récit de la donation d'une parcelle de la vraie Croix faite par Philippe de Maizières en 1371 à la confrérie de la petite église de Saint-Jean l'Évangéliste, près des Frari, où elle est encore conservée aujourd'hui.

Privilegio della donation della croce sanctissima.

In nome de Christo, Amen. Noi, fra Ludovico, di Minori, della santa theologia maistro ed inquisitor della heretica pravità, all'honorevole e diletto ser Andrea Vendramin, decani e altri officiali, e a tutti fratelli e scolari presenti e futuri della fraternità e scola del diletto de Christo discipulo apostolo ed evangelista Zuane, posta e collocata appresso la chiesia di esso Aquilin Zuan evangelista, de Venetia, salutem.

Hinc est che a perpetua di tutti voi e cadauni memoria, e per render gratitudine delli suffragi, per il tenor delle presente a voi, e a ciascadun di voi, havemo pensato dover esser indicato, narrato e intimato che nel M.CCC.LXIX. à di XXIII. Decembrio, in la chiesa sopradetta del sanctissimo nostro patron Zuane evangelista, avanti a noi, e il nostro nodaro e testimonii infrascritti, e presente copiosa moltitudine de populo dell' uno e dell' altro sesso, el nobel homo e insigne M. Philippo di Masseri, cavallier e dottissimo cancellier del regno di Hierusalem e di Cipro, e come homo per meriti a Dio grato, e per le virtude a ogni christianissimo accetto, a tutti i principi del mondo noto e caro, de man propria, spogliato del palio, del capo nudo et ingenocchiado, de essa santissima croce, cantata prima la messa avanti l'altare, a esso ser Andrea, guardian preditto, recevendo per nome de ditta vostra fraternità e scola, fece donatione, e con gran devotione offerse una buona particula del legno della ditta croce, sopra il qual il redentor del mondo ha patito, e il quale con il suo sacratissimo sangue ha macchiato. Et licet il suo grado e meriti richiedesse che da ciascaduno fosse prestata fede a tutti li sui ditti, niente dimeno, a piu abundante devotione e effetto di mazor credulità, a noi e posteri, all' hora toccate le sacrosante parole delli Evangeli, nelle mani nostre ha giurato per sacramento lui pietosamente, indubitantemente e firmamente creder quello el qual offeriva esser del legno medemo sopra il qual in croce ha patito Jesu signor nostro. Et ne ha esposto il modo con che questo, non legno ma tesoro, a lui è pervenuto, cosi dicendo :

Mentre che della guerra et passaggio per i Christiani contra i perfidi Saraceni del M.CCC.LX., la fama havesse volato per Siria, alla presentia della beata memoria del reverendo M. Fra Pietro Tomaso, patriarcha de Costantinopoli et della apostolica sede legato, vennero certi di Christo fideli e religiosi tra liquali el maggior e primo, de spettabil vita, come pareva nel parlar, costumi e vecchiezza, in verbo veritatis, disse ad esso reverendissimo M. lo patriarca: « Dubi-

fidem et devotionem dignis retributionibus compensare, ac ipsas dotalibus favoribus convallare, et petitiones ipsarum liberalius exaudire, quanto nostro ducatui devotiores fide et operibus se ostendunt. Attendentes igitur multiplicis fidei puritatem et devotionis plenitudinem quam egregius et nobilis miles, Philippus de Maseriis, cancellarius serenissimi domini Petri, Dei gratia, Jerusalem et Cipri regis, ad nostre magnitudinis excellentiam habere promptis affectibus se ostendit, qui in agendis nos commune nostrum et singulares personas nostri ducatus tangentibus, devotum et promptum laudabiliter et incessanter se prebuit atque prebet, supplicationibus nobis sua parte porrectis gratiosius annuentes, eum, cum suis filiis et heredibus, nostrorum omnium consiliorum et

» tando io con questi compagni e fratelli mei che per la occasion del passaggio,
» conculcati li Christiani nelle parte della Siria fusse occulto, over alle man de
» perfidi venisse una certa pretiosa gioia del legno della croce, il qual per i mei
» predecessori, nel tempo della presa flebile de Hierusalem, fu furtivamente di
» quel luogo tolto, et continue per succession di maggiori dell'ordine mio, di
» un in l'altro secretamente fu reservato, dato e recommendato ; et cosi ultima-
» mente a me pervenne et a queste parte a Christo divote l'ho portato con mi,
» et per che in questi luochi tu solo sei il maggior de prelation tra tutti i fideli
» di Christo, però a ti questa zoia de cetero da esser servada, dono, applico et
» consigno. » Et cosi una croce dorata pretiosamente ornata de sotto el capuzin cavando, e tutto pien di devotione dette al preditto reverendissimo misier lo patriarca ; et accio ne fraude over cupidità alcuna, over favor fusse creduto per tal dono, niuna mention fo fatta ne con consentimento ne con parola, ne con fatto, de retribution over alcuna gratia, che quel vecchio predetto religioso havesse solamente cosi longo tempo vivuto per conservar securamente un tanto pretioso deposito. Fatto il dono, recogliendo se in se stesso, fu da questa luce levato.

Et ultimamente, instando la morte del sopraditto reverendissimo M. lo patriarca, questa medema croce al prefatto cavallier et cancellier, el qual za haveva eletto per suo commissario, esso M. lo patriarca dette ; et sopra tutte le cose per lui a esso commesse affettuosimamente commendò, raccontando le cose sopradette.

Per la qual cosa, in Christo diletti, per che qui non intravien alcuna speranza ne cupidità temporal di guadagno, over commodo, etc.

In testimonio di queste cose, cosi della donation, come del giuramento et etiam in fede della verità le presente havemo commandata che siano fatte con le inscrittion delli infrascritti testimonii et notari et che con il nostro sigillo siano munite.

Fatto, datto et roborato in convento di detta Sancta Maria de Venetia, dell'ordine nostro de Menori, nella camera dell'habitation nostra, sotto l'anno del signore M.CCC.LXX. a di febraro. (Suivent les attestations du clergé des paroisses voisines et des notaires.) Extr. des *Miracoli della Croce sanctissima della Iscuola di San Giovanni Evang. in Venezia. Ristampato da nuovo del* 1601. Pet. in-4°.

ordinamentorum necessaria solemnitate servata, perpetuo in nostrum civem et Venetum recepimus atque recipimus, et Venetum et civem nostrum fecimus et facimus, et pro Veneto et cive nostro in Veneciis et alibi haberi et procurari omni effectu et plenitudine volumus et tractari; ipsum sincere benivolentie brachiis amplectentes, et firmiter statuentes quod singulis libertatibus, beneficiis et immunitatibus et honoribus quibuscumque, quibus alii cives Veneciarum gaudent et perfrui dignoscuntur, prefatus egregius miles, Philippus de Maseriis, cum dictis suis filiis et heredibus, in Veneciis et extra, perpetuo gaudeat et utatur; intelligendo quod navigare non possit, nec mercatum facere per mare, nisi de quanto fecerit imprestita nostro communi. Idem quoque nobis solemniter ad sancta Dei evangelia, prestitit fidelitatis debitum juramentum. In quorum fidem et evidentiam pleniorem presens privilegium fieri, jussimus bullaque nostra pendente aurea communiri.

Datum in nostro ducali palatio, anno Dominice incarnationis M.CCC.LXV°, indictione III^a, die xxii° mensis Junii [1].

XII

1370, 18 juin. Venise.

Titre de citoyen de Venise accordé à Thibaut Belpherago, chevalier Chypriote d'origine grecque [2].

Venise. Archiv. général. *Commemoriali*. Reg. VII, fol. 131.

Privilegium civilitatis de annis XXV. de gratia nobilis militis domini Thebaldi Belferazo, de regno Cipri, cum heredibus, in perpetuum juramentum, et prestitis fiendis.

Andreas Contareno, Dei gratia, dux Venetiarum, etc., universis et singulis, tam amicis quam fidelibus, et tam presentibus quam futuris, presens privilegium inspecturis salutem et sincere dilectionis affectum.

Tanto benignius ducalis providencia consuevit personas hono-

---

1. En marge est écrit : *Nil solvit*. Cf. ci-dessus, 25 juillet 1334, pag. 57, not.

2. Belpherago rendit les plus grands services au roi Pierre II au milieu de ses difficultés et de ses guerres avec les Génois. Il fut élevé à la charge de Tricoplier du royaume, qui lui donnait le commandement de toute la cavalerie légère. Son ambition ou les intrigues de la reine-mère Éléonore d'Aragon le firent périr misérablement en 1376.

rabiles sibi devotas et fideles honoribus prevenire, ipsarumque fidem et devotionem dignis retributionibus compensare, ac ipsas dotalibus favoribus convallare, et ipsarum peticiones liberalius exaudire, quanto ducatui nostro devotiores fide et operibus se ostendunt. Attendentes igitur multiplicis fidei puritatem et devotionis plenitudinem, quam nobilis miles, Thebaldus Belferazo, de regno Cipri, ad nostre magnitudinis excellentiam habere promptis affectibus se ostendit, qui in agendis nos ducatum nostrum et singluares personas ejusdem tangentibus, devotum et promptum laudabiliter et incessanter se prebuit atque prebet, supplicationibus nobis ejus parte porrectis gratiosius annuentes, eum, cum suis filiis et heredibus, nostrorum omnium consiliorum et ordinamentorum necessaria solennitate servata, perpetuo in nostrum civem et Venetum recepimus atque recipimus, et Venetum et civem nostrum fecimus et facimus, et pro Veneto et cive nostro in Veneciis et alibi deinceps haberi et procurari omni effectu et plenitudine volumus et tractari; ipsum sincere benevolencie brachiis amplectentes, et firmiter statuentes quod singulis libertatibus, beneficiis, immunitatibus et honoribus quibuscumque quibus alii nostri cives Veneti gaudent et perfrui dignoscuntur prefatus nobilis miles Thebaldus, cum dictis suis filiis et heredibus, in Veneciis et extra ubicumque locorum perpetuo gaudeat et utatur; intelligendo quod ipse non possit mercare sive mercatum facere per mare, nisi de tanto quanto faceret in prestita nostri comuni. Idem quoque Thebaldus nobis solenniter ad sancta Dei evangelia prestitit fidelitatis debitum juramentum. In quorum fidem et evidentiam pleniorem, presens privilegium fieri jussimus et bulla nostra aurea pendente muniri.

Actum in nostro ducali palatio, anno Dominice Incarnacionis millesimo trecentesimo septuagesimo, die decimo octavo mensis Junii, octava Indicione [1].

XIII

1371, 20 juin. Venise.

Le Sénat, mécontent des réponses peu convenables précédemment faites par le prince d'Antioche, ordonne au consul de la république de

---

[1]. Le même registre des Commémoriaux renferme, fol. 160, v°, le *privilegium civilitatis* accordé le 16 janvier 1372 (V. S.) II° indiction, à Guy de Néphin, chanoine de Famagouste.

renouveler ses réclamations, pour obtenir du prince les indemnités promises sous la foi du serment aux marchands vénitiens lésés par le fait des Chypriotes lors de l'expédition du roi Pierre Ier contre Alexandrie [1].

Venise. Archiv. générales. *Senato. Misti.* Reg. XXXIII. fol. 119, v°.

M°. CCC°. LXXI. indictione nona. Die XX Junii.

Cum alias scriptum fuerit bajulo nostro Cipri quod debeat comparere coram domino principe super facto damni illati per gentes regis, tempore captionis Alexandrie, ser Andree Venerio, et dictus bajulus comparuerit coram suprascripto domino principe, et fecerit ac operatus fuerit quidquid potuit pro executione hujusmodi nostri mandati, et nichil super modum potuit obtinere ; ymo habuerit responsum super modum non decens; in quo quidem responso continebatur quod dominus rex astrictus per nostrum dominium, et contra ejus intencionem, fecerat illud sacramentum quod fecit, existens retentus pro hoc in portu Sancti Nicolai per unam diem natalem, sine cibo et potu, et alia, etc. [2] Et post hoc, dictus dominus princeps astrinxerit et acapi fecerit plures de aliquibus mercibus, quas apportari fecit ad dictum locum ser Bernardus Duodo, et cogi fecerit dictos plezios ad solutionem plenariam, non de jure sed de facto ; et bonum sit, tam pro honore nostro quam pro bono civium nostrorum, providere indemnitati dictorum civium nostrorum ut justum est, vadit pars quod littera alias scripta bajulo nostro replicetur et, ut intentio nostra possit melius adimpleri, addatur dicte littere videlicet quod, extante ipso in presentia principis, sibi exponat ordinate omnia que continentur in dicta littera, et ultra hoc dicat quod, salva reverentia potentie sue, res non sic se habuerit, videlicet quod choactus et retentus,

---

1. Dès le 29 septembre 1370, le Sénat avait décidé qu'il serait instamment réclamé une indemnité « emenda et satisfactio damnorum » au prince d'Antioche et à la reine de Chypre, attendu que André Venier, alors consul de Venise à Alexandrie, et plusieurs autres Vénitiens résidant à Alexandrie furent spoliés et maltraités par l'armée du roi Pierre lors de la prise de la ville (10 octobre 1365) « deraubati et damnificati per gentem armate domini regis » et attendu surtout que le roi de Chypre avait promis à la république de Venise de ne pas commencer les hostilités en Égypte avant le mois d'octobre : « specialiter attento » quod dominus rex non servavit promissionem nobis per eum factam de non » eundo in Alexandriam per totum mensem Octobris tunc temporis. » *Misti*. XXXIII, fol. 77. Ann., 1370, die penult, oct.

2. *Sic.*

ut dicit, fecerit illud sacramentum et scriptum predictum. Nam bene potest esse sibi et toti mundo satis notorium quod nunquam chogimus aliquem nec cogeremus ad faciendum talia sacramenta vel alia contra voluntatem eorum, ymo, sicut notum est, recepit continue magnam complacentiam et honorem ac commodum a nobis, ita quod poterat facere ita hic sicut poterat in domo sua. Et, sicut scit, post captionem Alexandrie, redivit huc, ubi similiter bene et honorifice sicut majestati regie decuit fuit receptus; quibus consideratis, vellit et placeat majestati sue indemnitati nostrorum omnium facere provideri ut justum est, et de eo gerimus plenam fidem.

Et vellit restitui facere dicto ser Bernardo dictam pecuniam sibi acceptam pro mercibus suis conductis illuc, ut superius dictum est, dicendo quod, sicut scit, hoc factum est contra formam pactorum que sunt inter dominationem suam et nos, quia, sicut scit, debet per formam pactorum credere soli verbo bajuli nostri; cum his et aliis verbis que sibi circa modum videbitur. Scientes quod si hoc faciet, erit nobis placabile atque gratam; alioquin aliter facere non possemus quin servire indemnitati civium nostrorum, ut tenemur, prout honori nostro videbimus expedire.

Et ex nunc sit captum quod, in casu quo non reficiat nostris civibus ut est dictum, veniatur ad istud consilium, ubi provideatur, ut fuerit opportunum.

XIV

1374.

État des chevaliers chypriotes emmenés comme prisonniers ou otages par les Génois, en quittant l'île de Chypre, après la prise de Famagouste [1].

Munich. Biblioth. royale. Mss. français, n° 771, fol. 243, à la suite d'Extraits des *Assises de Jérusalem*. XVIe siècle.

Ce ssont les chevaliers et escuers chipriens que les faus Jenevois ont pris et mis en prizon, par grant traïzon, en l'an de M. CCC. LXX. IIII. de Crist, en Famagouste, celon la devize d'un

---

[1]. Il faut comparer à cette liste l'énumération que donne Strambaldi (*Chronic.* ms. de Rome, fol. 179), moins exacte et moins complète que celle de Munich.

escrit de Huguet de Montholif, frere de Guilmot de Montholif et de Perot de Montholif.

Monseigneur Jacques de Luzenian, conestable de Jherusalem [1].
Sire Thomas de Montholif, marechal de Chippre.
Sire Beilm.[2] de Montholif.
Sire Jacques Le Buffle.
Sire Philippe de Ssassion.
Sire Gui de Milmars, amurail de Chippre [3].
Sire Guillaume de Montholif.
Perot de Montholif.
Sire N[icolas] de Mongezart.
Sire Baudin de La Colée [4].
Sire P[ierre] du Limnat.
Sire J[ean] du Limnat [5].
Sire Glimont Viscomte [6].
Sire Baudin de Norez.
Sire J[ean?] Baubin [7].
Sire Ramon Candoufle [8].
Sire P[ierre] de Flourin.
Sire Thomas Amar.
Sire Thomas de Bon [9].
Sire Biaumont Chapes.
Sire J[ean] de Ssalazins [10].

1. L'oncle du roi Pierre II, qui lui succéda en 1382, et qui fut Jacques Ier de Lusignan.

2. Probablement pour « Berthelemi », *Dominus Bartholomeus de Monte Olivo*, témoin au traité de Gênes de 1383. Sperone, *Real grandezza di Genova*, p. 137.

3. Nous le retrouvons à Gênes encore dix ans après, témoin au traité du 19 février 1383 : *illustris dominus Guido de Mimars, admiratus regni Cipri*. Sperone, p. 136.

4. *Dominus Badinus de La Collea*, témoin au traité de Gênes de 1383. Sperone, p. 136, et mss. des arch. de St-Georges, *Conventiones Cipri*, pet. in-4°.

5. Mal dans Sperone : *dominus Joannes de Luminat*. Bien dans le ms. de St-Georges : *D. Joannes de Liminat*; et dans Strambaldi : « ser Zuan de Limnat. » Limnati, en français *Limniate*, était un fief au sud de l'Olympe et du bourg de Kilani.

6. Mal dans Sperone : *Vinhont*. Le mss. de St-Georges : *Viscout*.

7. Sans doute : « ser Zuan Babin, » de Strambaldi.

8. Au mss. de St Georges : *D. Raimondus Guadoufle*; dans Sperone : *D. Raimondus de Guadoulfe*.

9. « Ser Tumas de Pon. » Strambaldi.

10. *Dominus Joannes de Salizinis* (Sperone : *Salazinis*) témoin au traité de

Sire J[ean] de Milmars.
Sire Thomas de Montholif, le jeune.
Huguet de Montholif.
Sire Jacques de Montgezart.
Sire Gui de La Colée.
Sire Renaut Viscomte.
Sire P[ierre] Laizie [1].
Sire Ballian de Quevides.
Sire Gautier de Reties.
Sire P[ierre] de Cafran.
Sire Gui Poret [2].
Sire Hamarin Yzaq.
Sire Hamarin de Plessye [3].
Janot de Ssassions.
Sire Renaut de Milmars.
Sire Amaurin de Montholif [4].
Sire Philippe Le Buffle.
Sire Renaut de Ssassions [5].
Sire André de La Colée.
Sire Herin du Limnat [6].
Sire Jaque de Nevaire.
Sire Amarin Le Moine.
Sire Jacques de Nefin.
Sire Amarin de Lolives [7].
Sire Ramon Lengles.
Sire Franses Hamardes.
Sire Guillaume de Beves.
Sire J[ean] de Giblet.
Janot de Norez.
Sire Raimon Viscomte [8].

Gênes de 1383 (mss. de St-Georges), que Strambaldi nomme : « ser Zuan de Salase. »

1. « Ser Pier Lase », dans Strambaldi. *Dominus Petrus Lazie*, dans Sperone.
2. *Dominus Guido Propt*, dans Sperone et dans le mss. de St-Georges, ce qui semble néanmoins une mauvaise leçon.
3. *Dominus Amarinus de Plesie*, Sperone.
4. *Dominus Amarinus de Monte Olivo*. Sperone.
5. Ser Arnat Sanson. Strambaldi.
6. « Ser Charin de Limnat » dans Strambaldi. Henri de Limnati, ou Limniate.
7. La fin du mot est douteuse. « Ser Marin de Olive », dans Strambaldi.
8. Celui que Strambaldi nomme : Aramon Viscomte.

Sire Gui de La Baume.
Sire Estasse Le Petit [1].
Sire Guillaume Fort [2].
Sire Gui Jassoulin [3].
Sire Gui Malebeq, *ou* Malembeq [4].
Sire Guillaume de Guaurelle [5].
Sire Renaut de Lenseigny.
Sire Philippe Coste.
Loys Viscomte.

Et les dessous noumés ne furent en la devant dite prizon, ains les pristrent pour jendres [6], ce est : Jorge Sibo, Loys Viscomte [7]; et P. de Campeferegouse, l'almiral, Janot de Ssasions, lequel tenoit en Chipre, ne le consenty [8], et Janot de Nores, fil de sire Jacques de Norez, le torcepouillier de Chippre.

Le prince de Gualilée, monseigneur J. de Luzignan [9].

1. *Dominus Eustachius Le Petit*, témoin à Gênes au traité de 1383.
2. « Ser Goliam Forte » Strambaldi.
3. *Dominus Guido de Josolim*. Témoin au traité de 1383. Mss. de Gênes *Conventiones Cypri*. Dans Sperone : *dominus Guido Joselinus*.
4. Forme meilleure que *Malombech* de Sperone et du mss. de St-Georges.
5. *D. Guliermus de Guaurelia* Mss. de Gênes. *De Gaurellia*, Sperone.
6. *Jendres*. Je crois cette lecture bonne, quelque étonnante qu'elle puisse paraître. Il est certain que l'amiral génois Pierre de Campo Frégoso emmena quelques gentilshommes de Chypre à Gênes, avec l'intention de les marier de gré ou de force à des jeunes filles de la noblesse génoise. La fin de la phrase du ms. de Munich, quoique obscure, l'indique positivement, et Strambaldi le dit plus clairement : « Et hanno menato et li infrascritti zoveni, per maridarli con » le loro figliole : ser Zaco de Nores per tuorlo zenero l'armiraglio de Genua » ser Pier de Campo Frégoso; et tuor ser Aluise Visconte qual era in compagnia » de l'amiraglio. » Ms. de Rome, fol. 179. Enfin j'ai retrouvé à Gênes et j'ai déjà publié l'acte par lequel l'amiral donna en mariage le 11 juin 1383, par devant le doge et le roi Jacques 1er, sa propre fille Andréola de Campo Frégoso à son prisonnier Janot de Norès, fils du tricoplier de Chypre. (*Hist.*, t. III, p. 771.)
7. Il semble que Georges Cibo, de l'illustre famille de ce nom, avait pour son compte des vues matrimoniales sur Louis Vicomte.
8. *Ne le consenti*. Il y eut sans doute un premier désaccord pour le mariage d'Andréola, soit de la part de Janot de Soissons, soit de la part de l'amiral.
9. Il s'agit très-certainement ici de Jacques de Lusignan, fils du prince d'Antioche Jean, qui, quant à lui, demeura en Chypre, comme régent du royaume de concert avec la reine Éléonore d'Aragon sa belle-sœur, au nom du jeune roi Pierre II. Seulement, on ne voit pas pour quelle raison Jacques de Lusignan est ici qualifié *Prince de Galilée*. Ce titre était alors porté par son cousin Hugues de Lusignan, fils de Guy, qui avait contesté quelque temps la

Et J[anot] de Luzignan, le bastart, sire de Barault [1].

XV

1376 ou 1377, 1ᵉʳ mars. De Paris.

Lettre de Philippe de Maizières, chancelier de Chypre, au doge de Venise, au sujet de la mission que Jean Contarini, ambassadeur de la république, avait remplie en France.

Venise, Archiv. général. *Commemoriali*. Reg. VIII, fol. 14, v°.

Litera cancellarii Cipri pro reditu domini Johannis Contareno.

Magnifice et excelse domine mi, humillima recomendacione premissa. Ducales litteras de impositione sex denariorum pro libra mentionem facientes, per nobilem virum dominum Johanem Contareno, ambaxiatorem dominationis vestre, cum magna reverentia, animo subjecto et leto, recepi, et ea que mihi verbo explicuit gaudenter intellexi. Unde, domine mi, si aliquid extimarem me esse, quod non sum, sed pulvis et cinis, de memoria et dignatione tante dominationis erga vermiculum suum saltem ad gratiarum actiones insurgerem. Sed quia facultas indi michi deficit, recurro ad summum datorem gratiarum, a quo cuncta bona procedunt, eidem humiliter implorando ut vestre domina-

---

couronne de Chypre à son oncle Pierre Iᵉʳ et qui vivait habituellement en Italie avec sa mère, Marie de Bourbon, veuve de son second mari Robert d'Anjou, prince de Tarente, empereur titulaire de Constantinople. (*Notre Hist.*, t. II, p. 223, 254 et 457, où il faut lire 1383, au lieu de 1393. Revu sur l'orig. à Venise.) Jacques de Lusignan avait reçu le titre de *comte de Tripoli*, à l'occasion du couronnement de son cousin Pierre II à Famagouste, en 1372 (*Hist.*, t. II, p. 354). Il est désigné sous ce nom par Strambaldi, comme le second otage des Génois : « il figliolo del principe conte di Tripoli, Zanion de Lusignan, suo fratello bastardo »; et il est ainsi qualifié au traité de Génes de 1383, où il figure comme premier témoin : *illustris dominus Jacobus de Lusignano comes Tripolitanus* (Sperone, p. 136). Il rentra en Chypre avec le roi Jacques Iᵉʳ son oncle et son frère Janot, en 1385. (*Hist.*, t. II, p. 395, n. 3.)

1. Janot ou Jean de Lusignan, sire de Beyrouth, fils adultérin du prince d'Antioche et d'Alix de Giblet, femme de Philippe Coste, chevalier de la haute cour, Arménien d'origine, qui est probablement le chevalier de ce nom, nommé vers la fin de la liste des otages emmenés à Gênes. Il fut un des témoins du traité conclu en cette ville le 19 février 1383 : *nobilis Janotus, natus illustris quondam domini principis Antiocheni* (Sperone, p. 136). Il fut ensuite chargé de différentes ambassades en Italie et en France, par le roi Jacques Iᵉʳ, son oncle. (*Not. Hist.*, t. II, p. 428, n.; p. 404, 423, 438, 478.)

tioni retribuere dignetur in vitam longevam et prosperam ac eternam felicitatem.

Magnifice domine mi, de mihi injunctis per dominationem vestram ad presens calamo frenum ponam, nam ambaxator vester memoratus conclusionem peticionis sue difficultatem et benevolentiam regiam lucidius vestre celsitudini enucliabit. Ego autem sub silentio transire non debeo quam benivolentiam regalem et sinceram dilectionem, quibus efficaciter regia majestas Francie dominationi afficitur, vestre magnificentie anuntiem. Ipsa namque altitudo regia ambaxatorem vestrum jocunde vidit, gaudenter audivit et ultra morem aliorum ambaxatorum ob vestram reverenciam domestice tractavit, non mediocriter honoravit et finaliter feliciter expedivit. Nec miretur, domine mi, vestra celsitudo de aliquali mora dicti vestri ambaxatoris, quia veraciter non fuit in ejus culpa, sed majestas regia, quandocumque aliquibus magnis et arduis intenta pro sua consolatione, ipsum retinuit et de ipso non mediocriter contentatur. Et certe, excelse domine mi, omni fictione et adulatione postpositis, dictus ambaxator vester, in principio et medio et in fine, prudenter, discrete, laudabiliter et sollicite in dictis et factis erga regiam majestatem continue se habuit, ut non sit qui de eo verbum dicere valeat nisi bonum; et vere a dominatione vestra benigna virtuosos subditos suos largithus premiante recomendandus est.

De prolongatione vero suspensionis marque [1], de compositione tractanda per dictum ambaxatorem vestrum cum heredibus Raymundi Seralherii, omnibus consideratis, et precipue quia non bene sciri poterat ubi forent heredes predicti, quia multi et multi sunt; et quia stetisset hic predictus vester ambaxator magno tempore et non sine magnis expensis, et dubium erat si aliquid fieri posset consului, et sic michi melius apparuit quod postquam dicte represalie suspensio nova obtenta erat, quod ipse vester ambaxator ad excellentiam vestram rediret causis suprascriptis.

Ego vero procurabo indesinenter, et jam notavi literas procedere ad compositionem predictam, quidquid continue agam celtitudini vestre per meas literas declarando; et non dubito quod facilius et cum minori quantitate pecunie habebitur intentio dominationis vestre, non existente hic ambaxatore vestro predicto. De felici et prospero statu regio et novis istarum partium

---

1. Voy. *Bibl. de l'Ecole des chartes.* 6ᵉ série. T. II, p. 189.

sub silentio transeo, quia per prefatum ambaxatorem vestrum vestra celsitudo de omnibus informabitur. Dignetur vestra benigna dominatio michi, quam minimo civi, vestro licet inutili ac servitori fideli, semper precipere. Altissimus vestram dominationem, michi reverentem et amatissimam, feliciter augumentare dignetur in longevum.

Scripte Parisio, prima die Martii.

Humilis vester servus, ac servitor fidelis, Philippus de Maseriis, cancellarius Cipri.

XVI

1383, 5 mai. A Montalvan.

Pierre IV, roi d'Aragon, écrit au pape Urbain VI au sujet de la pension assignée à Éléonore d'Aragon, sa cousine, reine de Chypre, récemment retirée en Aragon, et privée des revenus qu'elle avait autrefois dans le royaume de Chypre [1].

Barcelone. Arch. de la Cour. d'Aragon. Reg. de la chancell. royale, n° 1278, fol. 8.

Sanctissime pater. Nuper, cum illustris Alienora, Jherusalem et Cipri regina, consanguinea nostra carissima, rediisset de regno Cipri, veniens ad has partes, animo nostris in terris jugiter demorandi, et non haberet unde suum posset sustentare reginalem statum, cum de redditibus et juribus que in regno Cipri predicto habet et erat recipere solita sibi non responderetur nec respondeatur etiam sicut prius, nos, compacientes eidem, ut vidue et propinquo nexu sanguinis nobis conjuncte, contulimus et assignavimus eidem, pro suo reginali sustentando honore, certos nostros patrimoniales redditus, per eam dum vixerit possidendos; et inter alia, sibi concessimus villam de Valls, in campo Terracone sistentem [2], cum suis redditibus, pertinenciis et juribus universis, que villa, quoad jurediccionem, est pro indiviso inter nos et Terraconensem ecclesiam; et illius redditus annui, qui archiepiscopo pertinerent si ibi adesset, quingentos florenos de Florencia non excedunt; et quia, tempore concessionis predicte, fuit per nos dicte regine promissum quod donacionem seu concessionem eandem in hiis que camere pertinent, ut prefertur, procuraremus

1. Cf. *Hist. de Chypre*, t. III, p. 769, not. 2.
2. *Hist.*, t. III, p. 767.

per vestram beatitudinem confirmari, ymo etiam fieri sibi de novo, supplicamus propterea, pater sanctissime, humiliter et ex corde, quatenus confirmacionem et donacionem hujusmodi predicte regine dignemini facere ad vitam ipsius, sub forma qua per nos fuit, ut predicitur, sibi facta. Nam ex isto, impendetis, premissis attentis, Deo servicium quippe gratum, et nos illud ad graciam reputabimus specialem. Almam personam vestram conservare dignetur Altissimus incolumem sue sancte Ecclesie per tempora longiora.

Datum in villa Montisalbi, sub nostro sigillo secreto, quinta die Madii, anno a Nativitate Domini M°CCC°LXXXIII°. Rex Petrus [1].

---

1. Notes du secrétaire : « Domino Urbano. Dominus rex mandavit mihi, Bartholomeo Sirvent. » Le 18 mai de la même année, le roi Pierre recommande l'affaire présente au cardinal de Sainte-Sabine, Jean, « reverende pater et amice carissime, » en lui envoyant copie de la lettre du 5 mai adressée au pape. (Reg. 1278, fol. 9.)

Nogent-le-Rotrou, imprimerie de A. Gouverneur.

www.ingramcontent.com/pod-product-compliance
Lightning Source LLC
LaVergne TN
LVHW020944090426
835512LV00009B/1699